世界上最伟大的军事家

徐勋民◎编著

经典插图

青少年课外读物
强力推荐读本

军事家都是称霸于他们的时代，并对后世有深远影响。从他们成功的轨迹中，汲取我们成长的力量。本书力图使广大读者在了解诸多军事家的基础上，能更多地感受到他们的艰辛成长历程中所蕴含的非凡勇气与超常智慧。

古吴轩出版社

图书在版编目(CIP)数据

世界上最伟大的军事家／徐勋民编著．—苏州：古吴轩出版社，2012.10
ISBN 978-7-80733-915-1

Ⅰ.①世… Ⅱ.①徐… Ⅲ.①军事家—生平事迹—世界—青年读物②军事家—生平事迹—世界—少年读物
Ⅳ.①K815.2-49

中国版本图书馆CIP数据核字(2012)第221619号

责任编辑： 王　琦
见习编辑： 陆九渊
装帧设计： 北京盛世博悦

书　　名： **世界上最伟大的军事家**
编　　著： 徐勋民
出版发行： 古吴轩出版社
地址：苏州市十梓街458号　　邮编：215006
Http://www.guwuxuancbs.com　　E-mail:gwxcbs@126.com
电话：0512-65233679　　传真：0512-65220750
印　　刷： 北京市凯鑫彩色印刷有限公司
开　　本： 710×1000　1/16
印　　张： 13
字　　数： 102千字
版　　次： 2015年6月第1版第2次印刷
书　　号： ISBN 978-7-80733-915-1
定　　价： 29.80元

内容简介

相信每个男孩的内心深处都有做一位叱咤风云的大将军的愿望，本书就是一本向所有怀有这份梦想的男孩们介绍世界上那些最伟大的军事家的书籍。这些人都在有限的人生中创造了常人难以企及的辉煌战绩，都有力地推动了世界历史的发展。没有这些人，人类的世界也许还在慢吞吞地蹒跚而行呢。本书所介绍的这些军事家，有在大革命期间异军突起，然后横扫欧洲罕逢敌手的拿破仑；有堪称“波斯之父”的古代波斯国君居鲁士大帝；也有在世界上第一个完成合围战的天才型将领汉尼拔；还有在二战中一直从苏联国内打到德国的卫国战争英雄朱可夫将军……总之，本书所选取的这些将军都是在人类历史上有突出贡献的军事家的英雄事迹。从这个意义上说，本书堪称一本英雄之书。就让本书带领大家一起回到那些个金戈铁马、喊杀震天的英烈岁月去吧。

目　录

一、世界之王，伟大之王——居鲁士大帝

二、战略之父——汉尼拔

三、雄才大略——汉武帝

四、大独裁者——恺撒

五、伟大的野蛮人，欧洲之父——查理曼大帝

六、来自大陆的征服者——威廉一世

七、慷慨的骑士——萨拉丁

八、草原雄鹰——成吉思汗

九、奥斯曼战神——苏莱曼大帝

十、全人类的精神领袖——乔治·华盛顿

十一、毁誉参半的欧洲之王——拿破仑

十二、为自由而战的“解放者”——玻利瓦尔

十三、缔造红衫传奇的英雄——朱塞佩加里波第

十四、军人一世，天赋将才——格兰特

十五、五星上将——马歇尔

十六、五星上将，完美巅峰——艾森豪威尔

十七、苏联卫士——朱可夫元帅

一、世界之王，伟大之王
——居鲁士大帝

伟人语录

各位波斯人啊，如果你们肯听我的话，就一定会享受无数个像今日这般幸福的的日子；如果你们不肯听我的话，那么就要受到无数像昨天那样痛苦的奴役。

——居鲁士

波斯“国父”居鲁士大帝

人物简介

居鲁士大帝（前590—前529），是古代波斯帝国的缔造者，他以伊朗西南部的一个小首领起家，经过在一系列战争不断地取得胜利。他一生中打败了3个帝国，即米堤亚、吕底亚和巴比伦，统一了大部分的古中东，建立了从印度到地中海的庞大帝国。今天，伊朗人将居鲁士尊称为“国父”。

天命所归，沙场称王

传奇身世铸就非凡成就

公元前7世纪，在今伊朗西部居住着两个伊朗语部落群体：北部的米堤亚和南部的波斯。公元前612年，米堤亚和巴比伦一起摧毁了亚述帝国，米堤亚从此改称帝国，成为西亚中最强大的国家之一，而波斯人则成为他们的臣属。居鲁士就是波斯人与米堤亚人通婚的后代。

“历史之父”希罗多德详细地在他的巨著《历史》中记载了居鲁士的离奇身世。

米堤亚的阿斯提阿格斯国王在睡梦中梦见女儿芒达妮的后代将要取代自己成为亚细亚的霸主，所以他决定将女儿嫁给性格温顺且地位较低的波斯王子冈比西斯，以使女儿的后代失去问鼎皇位的资格。事后，这位国王又在女儿怀孕时被另一个恶梦惊醒，他梦见整个亚细亚被女儿肚子里长出的葡萄藤笼罩住了。为防不测，国王决定在外孙降生后立即处死。

这个孩子刚刚出生就被交给国王的亲信大臣哈尔帕哥斯处理。大臣害怕自己动手会招来灾祸，便把孩子转交给了一个牧人，并命他将孩子弃之荒野。巧合的是这名牧人的妻子刚产下了一名死婴，于是他们留下了这个将要被遗弃荒野的孩子，并用自己的死婴顶替应付了差事。这名牧人的妻子叫斯帕科，在米堤亚语中是“母狼”的意思。日后亦有传说称居鲁士童年时曾得到母狼的哺育。

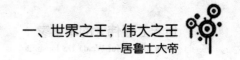

居鲁士10岁的时候和同村的孩子玩扮演国王的游戏。游戏中他被孩子们推举为国王，并鞭笞了一个抗命的贵族之子。未曾料到的是这件事越闹越大，甚至连国王阿斯提阿格斯亲自介入调查，以致居鲁士的身份被公之于众。国王阿斯提阿格斯听宫廷的祭司说，这个孩子只会在游戏中成为国王。听完祭司的话，国王终于消除了疑虑，送居鲁士返回波斯。

米堤亚灭亡后创立帝国

公元前559年，居鲁士统一了波斯10个部落，并成为他们的首领。当时奉命处死他的大臣哈尔帕哥斯得知后开始与他取得联络，希望他能够起兵攻打米堤亚，自己则会在城内进行接应。原来，在国王发现哈尔帕哥斯未杀死居鲁士这件事后，盛怒之下命人把他13岁的独生子杀死，并逼迫哈尔帕哥斯当即吃下由独子烹饪而成的菜肴。据上面提到的历史学家希罗多德说，这位大臣“没有失去自制力，也没有被吓住”，但刻骨铭心的仇恨使他开始思考如何为爱子报仇雪恨。

公元前553年，居鲁士起兵反抗米堤亚。为了使波斯人追随自己，他要求所有波斯人带着镰刀在草地上集合，并命令他们在一天之内将超过3平方公里的土地开垦出来。完成这项任务之后，居鲁士发出第二道命令，让他们于次日沐浴更衣后在草地上集合。居鲁士宰杀了他父亲所有的绵羊、山羊和牛，并以各种美酒佳肴犒劳波斯全军。第二天，波斯人在草地上尽情宴饮。此时，居鲁士问他们喜欢昨天的劳苦还是今日的享乐。听到大家都选择了后者，居鲁士说：“各位波斯人啊，如果你们能够追随我的话，那么，像今日这般幸福的日子将会无穷无尽；如果你们不肯追随于我，那就要受到无数像昨日那样痛苦的奴役。”从此之后，居鲁士被波斯人奉为领袖，波斯人追随居鲁士起兵攻打米堤亚。

居鲁士率领的波斯军队在持续了 3 年的米堤亚的战争中于公元前 550 年，征服了米堤亚都城，正式建立波斯帝国。由于居鲁士属于波斯人的阿契美尼德家族，所以他便以家族的名称开启了波斯帝国的新王朝。

骆驼克马队征服吕底亚

吕底亚是波斯西方的强邻，国王克洛伊索斯在看到这场战事后非常担心居鲁士会日益强大，想趁着波斯立国未稳之时，出兵将其灭掉。出征前，他曾派人去著名的希腊德尔斐阿波罗神庙祈求神喻，得到的结果是：如果他出兵波斯，就可以灭掉一个帝国。国王克洛伊索斯听后大喜过望并再一次地请求神喻。他得到的回答是："如果一匹骡子变成了米堤亚国王，你这个两腿瘦弱的吕底亚人，就必须得沿着多石的海尔谟斯河逃跑。"既然米堤亚国王永远不可能是一匹骡子，那么自己也不必担心会在战争中遭到不利的情形。于是公元前 547 年克洛伊索斯大胆地派兵出征波斯。

居鲁士听到克洛伊索斯焚毁了他遇到的第一座波斯城市——普特里亚时，及时赶来，并在这里与吕底亚会战。战斗中，吕底亚军队的长矛骑兵在装备上占了上风，但居鲁士的军队却有着数量上的绝对优势。在这场战斗中，双方势均力敌互有伤亡，以致胜负难料，于是克洛伊索斯决定先退兵。

居鲁士为了防止克洛伊索斯集合更多的军队进攻波斯，实行主动出击的战略，攻入吕底亚本土，这大大出乎克洛伊索斯意料。惊慌失措的吕底亚人与波斯人在首都萨迪斯郊外的廷布拉平原进行决战。

战斗中，虽然吕底亚人仍旧想依靠长矛骑兵的优势取胜，无奈居鲁士却想出了化解此招的妙计。居鲁士将随军运载粮食和行李的骆驼全部集合起来，并配备了骑手，让他们走在军队的最前面，让步兵和骑兵紧随其后。当吕底亚的马队遇到骆驼时，立刻转身逃窜。据希罗多德所著的《历史》解释说，马害怕骆驼，以致它们在看到骆驼或闻到骆驼气味时就受不了。但吕底亚人毕竟是西亚最勇武好战的民族。即便如此他们也跳下马来与波斯军队进行惨烈的肉搏战。勇武好战的吕底亚人最终没能抵挡住居鲁士强大的军队，大败，仓惶逃回了萨迪斯城。

在围攻萨迪斯城的两周后，波斯军队又想出了通过攀爬绝壁，攻入萨迪斯的计策，并一举灭亡了吕底亚王国。亡国之君克洛伊索斯至此才明白神喻的真正含义：他出兵攻打波斯后被摧毁的正是自己的帝国，而骡子则隐喻居鲁士，因为他是波斯人与米堤亚人的混血儿。

降伏巴比伦　陨落在草原

至此，西亚三大强国中的米堤亚和吕底亚已被居鲁士征服，只剩下美索不达米亚的巴比伦王国。居鲁士并不急于征服巴比伦王国，而是采取了对外扩张的手段来扩大自己的实力。他用了 6 年多的时间对东伊朗和中亚地区进行征战，在公元前 539 年借巴比伦内部动荡不安之机出兵。

以异常坚固而闻名的巴比伦城（今伊拉克境内）因内部存在严重分歧，为居鲁士洞开大门，并在他进入巴比伦的道路上铺满了象征和平的绿枝。历史学家慨叹："有着 3000 年之久的美索不达米亚自治就这样结束了。"富足的巴比伦，可以供应居鲁士大军 4 个月的粮食，而帝国其他所有地方的粮食加在一起仅够供应一年中其余的 8 个月而已。

居鲁士允许被征服者供奉自己本族的神祇，实行宽容的宗教政策。在此前的半个世纪中，巴比伦人曾两次进攻耶路撒冷。他们不仅焚毁了犹太教的圣殿，还将犹太权贵和工匠掳回巴比伦奴役。此事史称"巴比伦之囚"。

当犹太人苦苦哀叹期盼着结束流亡生活的时候得到居鲁士的诏令，命他们返回耶路撒冷，重建圣殿。犹太人听后欣喜若狂，他们为了纪念居鲁士，在《圣经》中将居鲁士称为"上帝的工具"，上帝应许他"使列国降伏在他面前"，"使城门在他面前敞开"。居鲁士实行宽容的宗教政策给自己带来了流芳百世的美名。

波斯的东西两边总是不断受到威胁，却没有同时在两线作战的能力。居鲁士只得在西线稳定之后，抽出精力对付来自东北方的游牧人。他于公元前530年出兵征讨里海东岸广阔草原上由寡居的女王托米丽司统领的马萨格泰人。

居鲁士在里海东岸的草原上安营扎寨，在留下部分军队守卫后，自己带领大部队悄然后退埋伏。马萨格泰女王的儿子得知居鲁士只留下部分守卫后率部劫营，杀死了留守的波斯军人，在原地宴饮休息。居鲁士趁机回兵将敌军全数歼灭，俘虏了女王之子，王子羞愤自杀。女王得知后派使者告诉居鲁士："我凭着马萨格泰人的主人太阳发誓，不管你多么嗜血如渴，我也会叫你喝饱。"至此，即将到来的大战是居鲁士一生中所经历的最残酷的战斗。

在这场大战中，双方弓箭手竭尽全力射完所有的箭，两军只得展开惨烈的肉搏厮杀，最终女王托米丽司获得了胜利。波斯军队几乎全军覆没，居鲁士在战斗中阵亡。马萨格泰女王找到居鲁士的尸体，把他的头颅割下后放进盛满血的革囊，让居鲁士"饱饮鲜血"，以此践行自己的誓言。此后，居鲁士的儿子冈比西斯二世继承了王位，他打败了该部落，并寻回了其父的尸首。他将遗体归葬于故都帕萨尔加迪（位于今伊朗法尔斯省）。

居鲁士赢得了世人永久的尊敬。200年后，亚历山大大帝从希腊东征到此，灭亡了波斯帝。他没有毁坏居鲁士的陵墓，反而下令加以修葺。在陵墓旁的一根柱子上，一段铭文至今仍清晰可见："我是居鲁士王，阿契美尼德宗室。"这2500年来，居鲁士陵屹立不倒，为人们所敬仰。

【人物评价】

居鲁士在他活着的时候为自己书写了丰功伟绩。他死后波斯帝国在居鲁士的影响下继续扩张，这大约持续了200年，直到亚历山大大帝征服波斯为止。在这两个世纪的大部分时间里，波斯所统治的国家均繁荣昌盛。居鲁士对这个世纪产生了深远的影响。他所成就的事业深深地印在我们的脑中。在居鲁士出生前的一个世纪中，没有人能猜测到一个来自伊朗西南部的部落，能在在一个世纪的时间里，将整个波斯地区统一，这一切都要归功于居鲁士，他是少数改变了历史进程的伟人之一。

居鲁士横扫波斯，这足以证明他是一位有着卓越军事才能的将领。但这只是他的一个方面，使他能够统治波斯长达一个世纪的则是他的宽厚。

宽厚的他击败了企图谋害他的外祖父后，让外祖父和自己住在一起，

居鲁士大帝的陵墓遗址

颐养天年。骁勇善战的他打败了波斯的世仇米堤亚帝国，但仍给米堤亚国王以帝王的待遇，对国王的忠告都会慎重考虑。他征服了巴比伦，在这里他的宽容达到了古代世界的顶峰，他命令军队不许扰民，尊重当地的风俗习惯和宗教信仰。更难能可贵的是，他还释放历代巴比伦国王掳掠来做奴隶的各民族的人，并派军队护送他们返回故乡，以人力物力帮助他们重建自己的文明。居鲁士大帝是那个时代的明君，是一位有着传奇经历的、令人钦佩的君主。

【知识链接】

居鲁士大帝的宽容

人类历史上能称大帝的皇帝廖廖无几，而居鲁士就是其中之一。古波斯帝国百余年的辉煌都和这个名字有千丝万缕的联系。

“盛名无非是盛大的喧嚣而已，喧嚣越大，传得越远，最终都会消失，只有喧嚣声继续存在，并在后辈儿孙中传扬。”拿破仑曾经这样说道，他的喧嚣是是父母的眼泪，是妻子的悲伤，是铁和血的嘶鸣，是人类文明的呻吟。居鲁士大帝则没有这样的喧嚣，他的盛名仅仅来自他的宽容。

这其中就有曾被称为“巴比伦之囚”的以色列先民，正是居鲁士大帝使他们回到了那块“流着奶和蜜的宝地——迦南”，也正是在居鲁士大帝的帮助下，他们重建了耶和华圣殿，重建了犹太教，居鲁士大帝的事迹也因此载入圣经。在他的时代，征服者对待被征服者无非是烧杀和掠夺。而宽容铸就了居鲁士大帝的一生传奇。

历史上每一次的征服，都伴随着震天的哭声、人民的悲鸣和国家的坍塌声。在每个征服者盛大的喧嚣背后，都是其它一个个人类文明的沉寂。居鲁士大帝征服了那么多的国家和文明，但它们却没有因此而沉寂，反而发扬光大，那些本已消亡的文明也因此得以重生。

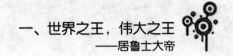

看到这些，我们很难用帝王心术来解释居鲁士大帝的行为了，与其说他是位文明的征服者，不如说他是位文明的传承者。居鲁士大帝虽然没有“盛大的喧嚣”，但后人依然在心中铭记，当人们提起居鲁士大帝时亦会想起他的宽容之心。

二、战略之父——汉尼拔

迦太基名将汉尼拔

伟人语录

我并非来此与意大利人为敌，反之我是为了意大利人的自由而与罗马为敌。

——汉尼拔

人物简介

汉尼拔·巴卡（前247—前182），成长在古罗马共和国势力崛起的时代，是北非古国迦太基有名的军事家。少年时的汉尼拔曾随父亲哈米尔卡·巴卡进军西班牙，并向父亲立下终生誓言，终身与罗马为敌。汉尼拔从小接受严格、艰苦的军事训练，在军事以及外交活动上均有卓越的表现。汉尼拔是一位至今仍为军事学家所研究的军事战略家。

征战一生，雇佣军之神

战火中成长的非凡少年

古罗马帝国以赫赫战功威震四方，很长的一段时间内，它几乎统治了西方人已知的整个文明世界。然而有这么一位将军，他来自一个北非的小国，率领着一支由不同民族的士兵组成的缺衣少食、装备不良的杂牌军。他们数十年如一日地在亚平宁半岛上征战，所向披靡，使罗马帝国几乎陷于崩溃的边缘。这个人就是被西方人尊为“战略之父”的迦太基将军——汉尼拔（Hannibal）。

汉尼拔从小就不断经受着战火的洗礼。9岁时，父亲命他跪在祭坛前发下重誓：长大成人后，一定要成为和罗马誓不两立的仇人。25岁时，年轻的汉尼拔因出色的战绩被提拔为迦太基驻西班牙部队的最高统帅。他虽然年轻，但由于从小跟随父亲征战，经受过多年军营生活的锤炼，因此胆识过人，善于用兵，具备了坚韧不拔的毅力和吃苦耐劳的精神。平日里，他生活简朴，能与士兵同甘共苦；战斗中，他冲锋陷阵，奋勇杀敌，深受士兵的拥戴。有人曾这样描述他：“没有任何一种劳苦能够使他的身体疲乏或精神颓丧。无论严寒酷暑，他一样受得了。无论作为骑兵还是步兵，他总是把其他人抛得远远的，第一个冲入敌阵，最后一个离开战场。”汉尼拔在28岁时（前221）成为迦太基在伊比利亚军队的领袖，开始了与罗马人的第二次战争。这时的汉尼拔筹划了军事史上最为雄心勃勃的军事战略之一：率领大军翻越比利牛斯山与阿尔卑斯山，进攻意大利。”

汉尼拔上任后，拟订了古代战争史上少有的周密而详尽的作战计划。他一边暗中派遣了许多秘使去争取那些对罗马心怀不满的希腊城邦，说服他们站在自己的一边，一边积极地准备着对罗马的战争。汉尼拔在完成一系列对罗马人作战的准备之后，决定迫使罗马人向迦太基宣战。为达到目的，他进攻罗马的西班牙同盟者——富足的萨贡姆城，目的在于迫使萨贡姆城在遭到突然袭击后派使者前往罗马求援。罗马元老院当即向汉尼拔发出警告，汉尼拔反咬罗马干涉萨贡姆内政。元老院对汉尼拔的挑衅忍无可忍，在公元前 218 年向迦太基宣战。开始了第二次布匿战争。

功成名就的辉煌之战：第二次布匿战争

艰苦卓绝　入侵意大利

汉尼拔在公元前 218 年的 5 月率领步兵 7.5 万人，骑兵 1.2 万人，离开伊比利亚半岛上的新迦太基城，从此踏上了追寻意大利人自由的征途。他们在翻越比利牛斯山之前，为了保证给养，汉尼拔把军队缩编为步兵 50000 人，骑兵 9000 人，外加大约 40 头战象。汉尼拔还通过重礼，与法国南部的高卢人部落修好后迅速推进到罗纳河河口。他通过巧妙的计策，顺利渡过了罗纳河，成功地甩开了罗马帝国的大军，继续向阿尔卑斯山进发。

历经千辛万苦，汉尼拔的军队终于翻过阿尔卑斯山，出现在意大利北部的波河流域一带。自从他们在新迦太基城出发时算起，时间已过去了 5 个月。此行之中，他们的损失巨大，走完全程的只剩下 20000 步兵、不到

6000 骑兵，战象也所剩无几。出人意料的是，这样的困顿之师，在未来的16 年内，成为不可一世的罗马军队有史以来最可怕的敌人。

特拉比亚战役

罗马本打算在高卢迎击迦太基军队，将其一举歼灭，进而能够顺利入侵伊比利亚及北非迦太基领土。出乎罗马人意料的是，汉尼拔竟然越过了阿尔卑斯山，奇迹般地出现在帕杜斯河（波河）谷地内。当地不久前才向罗马臣服高卢人部落，在汉尼拔成功的外交下纷纷叛变脱离了罗马的管制。

罗马远征军的统帅兼执政官普布利乌斯·科尔内利乌斯·西庇阿在高卢得到讯息之后，迅速将部队由海路运回意大利，并打算在北部拦截汉尼拔的部队。在提契诺落败而受重伤的西庇阿带领仍然完整的罗马军撤退至特雷比亚河对岸安营扎寨，等待着与援军的会合。在提契诺之役前，罗马元老院早就传令驻军西西里岛的执政官塞姆普罗纽斯·朗戈斯率军赶回北方与西庇阿会合，联合对付汉尼拔。

汉尼拔巧妙行军，将其阵营移至塞姆普罗纽斯援军必行之路上，成功地阻断了罗马军会合的计划。但在随后攻打邻近的土地获得大量的军粮时，塞姆普罗纽斯趁机绕过了迦太基军，成功地与西庇阿会师。罗马军队在经过短暂休息补给后，汉尼拔首先攻下了都灵地区的敌对部落，解除了对他军后方的威胁。随后汉尼拔军与罗马军交战于波河流域提契诺(Ticinus)附近。

当年 12 月，两军在特雷比亚河畔展开决战，善用骑兵优势的汉尼拔成功地诱使急躁的塞姆普罗纽斯下令全军出击，进入了汉尼拔事先设下的陷阱。在双方正面交锋如火如荼之际，迦太基伏兵从埋伏之处不断涌出，奇袭罗马军侧翼。罗马军队溃不成军，全军伤亡超过 1/3，罗马军不得不退出伦巴第平原。

汉尼拔在这场小规模交锋中取得的胜利，加速了当地高卢人的叛变。不久之后，整个意大利北部的部落全部投向迦太基阵营。随着高卢与利古里亚佣兵的不断加入，汉尼拔的军队补充回40000人的全盛状态，入侵意大利指日可待。

特拉西梅诺湖战役

为了防止汉尼拔攻打罗马城，罗马派出新上任的执政官与盖约·弗拉米尼分别驻守东西两条通往罗马城的道路。这样一来能通往意大利中部的路径中只剩下位于阿诺河口的一片沼泽区。汉尼拔十分清楚在这个季节里，该地水患频繁，以致穿越这片沼泽异常困难，但要想进入意大利中部，这条路无疑是唯一的选择。根据波利比奥斯的描述，汉尼拔的军队在极其疲劳困顿的情况下，在水中连续行军四天三夜后成功穿越沼泽，随后跨过亚平宁山脉，在不受阻碍的情况下顺利渡过阿诺河。在这次的行动中，汉尼拔因结膜炎右眼失明，失去了许多士兵以及所有从开战至今仅存的战象。

公元前217年6月，汉尼拔在抵达伊特鲁里亚后决定引诱驻守在阿雷佐的弗拉米尼，与他进行决战。汉尼拔四处破坏，以此向意大利的罗马盟邦显示罗马没有能力保护他们，意欲瓦解他们与罗马结成的联盟，不料这一计未能达到预期的结果。在计策失败之后，汉尼拔采用更大胆的战略。他把军队开到罗马军左侧，截断通往罗马城的道路，以此引诱弗拉米尼迎击。即便如此弗拉米尼仍继续守城不出。汉尼拔挑衅未果，决定朝普利亚行军，期望弗拉米尼会尾随而来。弗拉米尼在得到汉尼拔退兵的消息后，终于按耐不住出兵追赶。汉尼拔借机在特拉西梅诺湖北岸设下埋伏，把罗马4个军团近30000人的队伍引入了三面环山，一面临湖的峡谷中。在接下来不到3小时的战斗中，罗马损失惨重，执政官战死，15000人阵亡，几千人被俘，仅剩6000人冲出重围，逃入了附近的一个村庄。汉尼拔的军队穷追不舍，在缴械留命的条件下罗马士兵全部缴械投降。汉尼拔区别对待俘虏，给罗马士兵全部带上枷锁，并立即释放了无罗马公民权的意大利人。

汉尼拔在特拉西梅诺湖战役中扫清了他进军罗马城的障碍，但随即意识到自己缺少攻城所需的器械。于是汉尼拔决定前往意大利的中部和南部，利用罗马和意大利各同盟之间的矛盾，说服意大利各国起兵罗马。在特拉西梅诺湖战役后，汉尼拔宣称：我并非来此与意大利人为敌，反之我是为了意大利人的自由而与罗马为敌。

费边·马克西穆斯在特拉西梅诺湖惨败之后被罗马元老院任命为新的独裁官。费边在接任后一反罗马尚武的传统。他命令军队与汉尼拔军保持距离，以限制汉尼拔的行动，故意避开任何与他正面交锋的机会，目的在于消耗汉尼拔军队的士气、耐心与补给。睿智的汉尼拔猜到费边的意图，多次试图引诱费边对决。他将军队驶进意大利最富有的省分坎帕尼亚，沿途大肆破坏掠夺，费边一方只是保持距离静观其变，始终不肯与他决战。罗马极不赞成费边消极的消耗策略，甚至有些政敌公开指责费边胆小懦弱。

汉尼拔在多次挑衅未果后决定在冬天前离开被他大肆破坏的坎帕尼亚。此时他发现所有的退路都已被罗马军封堵。汉尼拔成功用计让罗马军相信自己将从森林逃脱，自己却带领全军在未受拦截的情况下顺利离开。当时，费边就在咫尺之外，他十分顾忌汉尼拔的阴谋诡计，仍旧按兵不动。这帮助汉尼拔成功地转移，并在普利亚平原找到过冬的基地。罗马在听到此消息后，严厉指责费边，在他任期届满后，军权被罗马执政官掌握。

空前的胜利——坎尼之战

汉尼拔在公元前216年的春天，先发制人，攻下了罗马人在普利亚平原的补给重地坎尼，截断了罗马的粮食供应。罗马元老院听闻后，立即选出了两位新的执政官盖乌斯·特雷恩蒂乌斯·瓦罗和卢基乌斯·埃米利乌斯·保卢斯。他们为了彻底铲除汉尼拔，动员了罗马共和国史上人数最多的一支联军。这只联军的人数高达 10 万人。

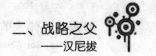

两位执政官率领亟欲与汉尼拔一决高下的罗马军团南行至普利亚，于奥凡托河左岸找到他后，在距其 6 英里之处安营扎寨。两位执政官将两只军队合二为一，轮流隔日掌管指挥权。其中的一位执政官发罗是个生性鲁莽傲慢的人，并一心渴望早日打败汉尼拔。汉尼拔利用罗马军的这个弱点，派骑兵骚扰罗马军营，干扰其水源供应，被激怒的发罗在次日轮到他掌权时，动员全军发誓与汉尼拔一决死战。

汉尼拔在此战中使用了其举世闻名的新月战术。他巧妙地利用背靠的奥非杜斯河的河湾地形，使自己的左翼和后方得到有效的保护。在战斗初期，他将军队部署成中锋凸起的阵形，用来引诱罗马军集中攻打其中锋。面对人数上有绝对优势的罗马步兵，汉尼拔的中央步兵不久便节节败退。不疑有诈的罗马军涌入迦太基阵形中部，欲将中锋击溃之后反抄左右两翼。至此迦太基军阵形变成了凹陷的弦月状，将罗马军主力包围在其中，节节败退的迦太基中锋开始了顽强的反击。

汉尼拔命令中路步兵在战斗的同时减缓后退速度，引诱罗马人大批涌入中心，使他们挤作一团，连挥动武器都有困难。罗马军队无法进攻迦太基人的左翼，因此被迫缩短战线，以至于行列之间的间距过于狭窄，回旋余地大减。汉尼拔的左翼骑兵由其胞弟哈斯德鲁巴尔率领。左翼得到河湾地形的保护，没有后顾之忧地冲锋，很快就把罗马军的右翼骑兵冲垮。迦太基人的中路军队顺势向两边包抄，逐渐形成合围之势。与此同时，哈斯德鲁巴尔已经绕过罗马大军，从后击溃罗马军队左翼的骑兵。至此，迦太基人左右两翼骑兵一起回过头，完成了对中路罗马军队的包围。迦太基的骑兵在击溃罗马骑兵之后，转头猛击罗马步兵的后方，至此汉尼拔成功地以较少的兵力彻底包围了人数为其两倍以上的罗马军，并将其歼灭。罗马军惨败。迦太基军队取得了辉煌的胜利，《剑桥古代史》称之为“汉尼拔的最高成就，以其时机选择上的无比精确，骑兵、步兵战术的高度协调，成为古代战争史上一个无与伦比的军事艺术典范”。

据不同资料的统计，汉尼拔以 8000 人的代价消灭了罗马军队 5 万余人。死亡者名单上不仅包括了罗马执政官鲍鲁斯（另一执政官发罗成功逃回罗马），而且还包括前任两位执政官，两位财务官，共和国 48 名军团司令官中的 29 人，以及 80 位元老院议员等（约为罗马共和国政府 25%—30% 的成员）。此战成为全球战争史中单日伤亡最严重的战役之一，也是古罗马历史上最为惨痛的败北。

坎尼战役之后，罗马人开始佩服到费边的睿智，从此改回使用被动的消耗战，再也不与汉尼拔进行正面交锋。汉尼拔此战中大败罗马，动摇了罗马在意大利南部的联盟地位。

西西里岛上的希腊城邦纷纷起兵造反，汉尼拔随即与锡拉库萨新国王希尔奥尼莫斯结盟。巴尔干半岛上的马其顿国王腓力五世亦向汉尼拔传书表达支持，并向罗马展开了第一次马其顿战争。这使许多人相信，此时的汉尼拔若是得到了迦太基在人力与器械上的增援，他极有可能成功地攻下罗马。同年中，意大利第二大城市卡普阿倒戈投入汉尼拔阵营，汉尼拔随之以此作为他的新基地。不过，由始至终只有少数意大利城邦加入了他的行列，罗马仍屹立不垮。

一代天骄的陨落

汉尼拔在公元前 212 年攻下塔朗多，却无法成功占领、控制其港口，这时罗马的优势已渐渐明显。罗马在公元前 209 年，攻下了塔朗多，迫使汉尼拔失去了对意大利南部绝大部分控制。公元前 207 年，汉尼拔再一次进军普利亚，在此等待二弟哈斯德鲁巴·巴卡从西班牙带来的援军，打算汇合之后进军罗马城。不幸的是，哈斯德鲁巴在意大利北部遭到罗马军进攻身亡。汉尼拔得此消息后退至布鲁提姆。期间汉尼拔的三弟在利古里亚行动的失败，以及和马其顿国王腓力五世谈判的破裂，鸣起了汉尼拔征服意大利计划的丧钟。汉尼拔在意大利征战将近 15 年后，被迦太基政府召回北非，命他阻止大西庇阿率领的罗马远征军入侵迦太基。

大西庇阿在汉尼拔尚未回到迦太基前率军入侵北非，迦太基政府的主和派打算与罗马商讨休战协议。主战派在召回汉尼拔后，使民众恢复了对战争的支持，汉尼拔立即被任命为掌管由非洲军与汉尼拔从意大利所携佣兵组成的联军军队的最高统帅。

汉尼拔与大西庇阿于公元前 203 年在和平谈判中首次会面。和谈中，他们相互表示了对对方的仰慕之情。罗马人坚持指责迦太基违背了第一次布匿战争后的合约，谈判于此宣告破裂。

不久双方进行了关键性的扎马战役。迦太基在步兵数量上占了优势。罗马军在迦太基前盟友东努米底亚王倒戈后，首次拥有了骑兵优势。虽然年老的汉尼拔在多年征战意大利未果后身心俱疲，但整体来讲迦太基仍然占有数量上的绝对优势，并拥有着为数 80 的战象。罗马的优势骑兵在战斗开始后不久便击溃迦太基骑兵并将其一路追出战场，而大西庇阿设计的战术阵形轻易地化解了汉尼拔象兵的威胁。即使如此，双方仍进行了一场硬战，汉尼拔并未获得胜利。

迦太基在此役战败后对汉尼拔的军事能力产生了动摇，随即向罗马投降，正式结束第二次布匿战争。罗马向迦太基提出了极为苛刻的条款。条款中除了巨额战争赔款之外，还令迦太基失去了所有的海外领土，并且规定迦太基只能有防海盗的军船，未经罗马允许不得建立军队等。

英雄未竟的晚期生涯

战后和平时期

46岁时的汉尼拔开始了他的政治生涯，他证明了自己在内政上的能力和他的军事才华一样出色。

战后他先低调行事了一阵子，但是迦太基政局的腐败让他不久之后便出面整治。在他被选为行政官后进行了一系列卓有成效的改革，恢复了这个职位应有的威信。如此一来，迦太基有望分期付清对罗马的战争赔款而不大幅增加人民的赋税。

流亡与辞世

扎马战役后的7年里，迦太基人复苏的经济使罗马人开始产生顾虑，他们要求迦太基政府交出汉尼拔。汉尼拔为此自愿流放，离开迦太基。

他首先拜访了迦太基的故乡腓尼基的推罗城，随后旅行到以弗所。他被准备向罗马开战的塞琉古帝国国王安条克三世奉为上宾。不久，汉尼拔便发现安条克的军队无法与罗马军队抗衡，建议他派遣舰队登陆意大利南部，并自荐统领军队。安条克听信内臣进言，不愿将任何重要职位交予汉尼拔，因此未予采纳他的建议。

公元前190年，安条克授命汉尼拔指挥舰队。汉尼拔在锡德战役被罗马的盟军击败。安条克在一连串败给罗马的战役中，有意向罗马人求和，并答应交出汉尼拔。汉尼拔知此消息后立即动身逃至克里特岛。不久，他再次返回小亚细亚，投靠当时正与罗马盟国帕加马交战的比提尼亚国王普鲁西阿斯一世。

汉尼拔在这场战争中为普鲁西亚斯立下显赫战功，这再次坚定了罗马人将其擒获的决心。在罗马的一再要求下，普鲁西亚斯同意将汉尼拔交出。汉尼拔决心不落入罗马人之手，服毒自尽。据推测是服用鸦片自尽，享年64岁。

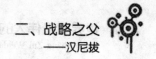

【知识链接】

激情四溢的《告士兵说》

汉尼拔是迦太基的军事统帅，终身与罗马共和国为敌。他能征善战，为古代最伟大的军事统帅之一。他虽不以辩才闻名于世，但《告众士兵》从袍泽之情出发，向部下以鲜明对比显示睥睨敌人的无畏气概与必胜信心，激励军心。以下便是《告众士兵》的演讲。

士兵们：

你们在考虑自己命运的时候，如果能记住不久前看到的被我们征服的人溃败时的心情，那就好了，因为那不仅是一种壮观的场面，而且还是你们处境的某种写照。我不确定命运是否已给你们戴上了更为沉重的枷锁，使你们处于更加紧迫的形势。你们的左右两面都被大海封锁着，可用于逃遁的船只连一艘都没有。环绕着你们的是波河，它比罗纳河更宽阔，水流更湍急；后面包围着你们的是阿尔卑斯山，那是你们在未经战斗消耗、精力充沛时，历经千辛万苦才翻越过来的。

士兵们，你们已在这里同敌人初次交锋，你们必须战胜他们，否则只有死亡；命运使你们不得不投身战斗，而它现在又站在你们面前。如果你们战无不胜，你们便能得到即使从永生的众神那儿也不敢奢望的最大的报酬。我们只需靠勇敢就能收复敌人从我们先辈手里强夺去的西西里和萨迪尼亚，我们会因此得到足够的补偿。罗马人通过多次胜利的战斗所取得和积聚起来的财富，连同这些财富的主人，都将属于你们。在众神的庇护下，赶快拿起武器去赢得这笔丰厚的报酬吧！

你们在荒凉的卢西塔尼亚、塞尔蒂韦里亚群山中追逐敌人很久，历经如此困苦、危难却一无所获；你们跋山涉水、长途劳顿、转战数国，现在是打响取回丰富报酬的战役。为了你们的劳苦，取回巨大报酬的时候到了。这里，命运允许你们结束漫长的努力，这里她将赐予和你们的贡献相称的报酬。你们不要顾忌这场战争表面上的巨大规模，而担心难于取胜。敌对双方受藐视的一方往往坚持浴血抗争，而一些著名的国家和国王却常被人不费吹灰之力的征服。

因为，撇开罗马徒有其表的显赫名声，它还有什么能够与你们相提并论？默默地回顾你们20年来以勇敢和成功而着称的战绩吧！你们从赫拉克勒斯支柱，从大洋和世界最遥远的角落来到这里，一路上征服了高卢、西班牙许多的无比凶悍的民族，如今你们将同一支缺乏经验的军队作战！它就在今年夏天曾被高卢人击败、征服和包围过，至今它的统帅还不熟悉他的军队，而军队也不知道它的统帅。这样的一支队伍，要把我把你们同他作一比较吗？我的父亲是最杰出的指挥官。我在他的营帐中出生、长大，我荡平了高卢和西班牙，我不仅征服了阿尔卑斯山诸国，还征服了阿尔卑斯山本身，而那个仅就任6个月的统帅更是他军队里的逃兵。如果把迦太基人和罗马人的军旗拿掉，我敢肯定他不知道自己是哪一支队伍的指挥官！

你们当中得每一个人都看到了我的赫赫战功。同样地，我作为你们英雄气概的目击者，能列举出每一个人勇敢作战的具体时间和地点。士兵们，我在成为你们的指挥官前是你们大家的学生，我将率领曾经千百次地受过我表彰和犒赏的士兵，在威武的阵营中阔步迎击那支官兵互不熟悉的军队。

不论我把眼光转向何处，我看到的都是你们旺盛的斗志！精神饱满的士兵！一支由各个最英勇的民族组成的久经沙场的步兵和骑兵，你们是我们最可靠、最勇敢的盟军。你们，迦太基人，即将为你们的国家，出于最正义的忿恨而出征。

我们是战争中的攻击者，高举仇恨的旗帜攻入意大利，你们将以远远超出敌方的胆量和勇气发起进攻，因为攻击者的信心和骁勇总是大于防卫者。此外，我们所经受的痛苦、伤痕和侮辱每时每刻燃烧着我们的心。它们首先要求我——你们的领袖，其次要求曾围攻过萨贡托的你们去惩罚敌人，如果我们畏缩怯战，它们将使我们承受最严厉的折磨和侮辱。

那个最为残暴、狂妄的民族一度认为，一切都应听它摆布，归它所有，应当由它决定我们的生和死。它划定的界限，使我们不得逾越的山脉和河流把我们封锁起来，而它却不遵守自己的规定。它还曾说，不得干预萨贡托人，不得越过伊比利亚半岛。萨贡托在伊比利亚半岛，你们不得朝任何一个方向跨出一步！他们拿走我们最古老的省份——西西里和萨迪尼亚！他们还要拿走西班牙吗？让我从那里撤走，以便他们横渡大海进入阿非利加吗？

他们要横渡大海，难道不是吗？他们已经派出了本年度的两位执政官，一个派往阿非利加，一个派往了西班牙。除了我们用武器保住的地方外，他们任何地方都没有给我们留下。有后路的人都可能成为懦夫，因为他们能够通过安全的道路逃跑，回到自己的家园请求收容，但你们必须勇敢无畏！你们在胜利和覆灭之间绝无回旋余地，或战胜，或死亡！如果命运未卜，与其死于逃亡，毋宁死于沙场。如果这就是你们大家坚定地不变的决心，我再说一遍，你们就已经战胜了！这是永生的众神们，在人们夺取胜利时所赐予的最有力的鼓励！

三、雄才大略——汉武帝

伟人语录

犯强汉者，虽远必诛。

——汉武帝

汉武帝刘彻

人物简介

汉武帝（前 156—前 87），名刘彻，是汉朝的第 7 位皇帝，汉景帝刘启之子。16 岁登基，在位 54 年间，对外大败匈奴、吞并朝鲜、遣使出使西域。对内独尊儒术、稳定政治、首创年号。他在位期间，为汉朝开拓了最大疆域，也开创了西汉王朝最鼎盛繁荣局面，更被认为是中国封建王朝的首个发展高峰，史称“汉武盛世”。汉武帝的雄才大略和文治武功，让汉朝得以成为当时世界上最强大的国家，被后世推崇为中国历史上伟大的皇帝之一。

文治煌煌，武功烈烈

少年天子初长成

刘彻生于公元前156年8月10日，也就是汉文帝后7年的7月7日。刘彻的母亲王娡是一个具有传奇色彩的女人。她进宫前曾嫁给过一户姓金的人家，并生有一女。因为刘彻的外祖母听信了算命先生的话，于是将她从金家带走，进与当时还是皇太子的汉景帝刘启。4岁时，刘彻就被册封为胶东王，7岁时被立为太子，9年以后，景帝驾崩，只有16岁的刘彻继大统，是为汉武帝。

登基之初，汉武帝在政治上继续推行父亲生前主张的休养生息政策之外，还颁布"推恩令"的等法令，强行使藩王分封诸子为侯，让各个藩国自我缩减，最终解决了汉初时遗留下来的藩王的势力膨胀以至威胁到中央政权的问题。在财政上，他将煮盐、冶铁、酿酒等权限收归中央，禁止各个诸侯国随便铸钱，由中央统一铸造五铢钱，如此一来有效地控制住财政收入。在思想上，他采用董仲舒"罢黜百家，独尊儒术"的建议，将儒家思想中的一些观点上升为国家的意识形态，为中国后来以儒家治国奠定了基础。但是汉武帝在宣扬儒学的同时，并没有放松对皇权和法制的强化，积极制定了法律以及刑法，巩固政府的权威和皇权的至高无上。正是通过推行这种以儒为主以法为辅、内法外儒的政治文化体制，以儒家的"仁"

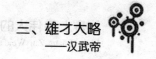

感化广大百姓，又秉承法家的“严”以严刑法，约束大臣。他将汉朝的统治巩固成牢不可破的状态。

就这样，少年天子刘彻在一次次的整治风雨中磨练出精湛的政治手腕，也显示出了超出常人的智慧，逐渐成了一位性格稳重、态度强硬的帝王。在汉武帝即位之前，西汉王朝就已经历了“文景之治”的休养生息政策，经济与民生已经呈现出了一种安定积极的局面，而汉武帝即位之初也承袭了这些政策，于是西汉王朝的国力蒸蒸日上。在扫除了一切阻碍王朝发展的内部障碍以后，汉武帝开始积极准备发展军事力量。就此，中国历史上一个狂飙突进式开疆破土的“汉武时代”正式揭开了帷幕。

平定南方，华夏一统

在秦始皇统一中原后，已经将东南沿海的越人聚居区纳入了秦朝的版图并设置郡县。但是经过秦末几十年的战乱纷争以及中原地区争夺中央政权的争霸战争，当地的一些官吏以及很多旧贵族便趁着起义迭起、秦朝政府无力顾及，纷纷建立诸多小国，竞相宣布独立。直到西汉建国的初期，仍然有三个独立的政权存在——东瓯、闽越和南越，这三个政权合称“三越”。在汉文帝时期，其中由赵佗所建的南越已归附汉朝，而当成被称作“东越”的东瓯和闽越依然盘踞着浙江、福建的大部分地区。在解决了藩国的问题后，汉武帝一直视三越为心患，但睿智的他并不急于用兵，而是在等待一个成熟的时机，从而可以用最小的代价来换取三越的归附。

建元三年（前138），这个时机终于到了。东越两国一直交战不断。这一年东瓯王姒贞战死沙场，其子姒望生性软弱，不堪闽越的侵扰，向汉朝请求归顺，甚至希望能够举族迁入中原。汉武帝听说了这个消息十分欣喜，准许了姒望的请求，并封其为广武侯。于是东瓯举族北上，以姒望为首的4万多军民被汉武帝安置在江淮流域的庐江郡，即今安徽舒城一带。

就这样，汉武帝不费吹灰之力便将东瓯收入了囊中，至此三越中已有两越归入了汉朝的版图。

建元六年，闽越王郢挥师进攻南越。万般无奈之下，南越王向汉朝求救，接到请求以后，汉武帝知道全面平定三越的时机已经成熟，就派大将王恢和韩安国兵分两路直指闽越。于此同时，闽越王郢的弟弟余善，眼见强大的汉军插手，便联合国内贵族杀死了闽越王，向汉武帝乞降。恰逢此时汉武帝正在准备对匈奴的用兵，他不想因此做无谓的消耗，便顺水推舟，立前闽越王无诸的孙子丑为越繇王，还册封了在闽越国内势力比较强的余善为东越王。这样一来，虽然名义上闽越地区是由两王共同治理，而在事实上却仅仅是由余善一人把持，这就为日后东越王的叛乱留下了隐患。在经历了20多年的相安无事以后，东越王余善认为时机成熟，在汉武帝元鼎六东年（前111）的秋天，擅自刻“武帝”印玺，妄图称帝自立，并出兵对抗大汉。对此，经历过多年匈奴反击战的汉武帝，并不以为然。

汉武帝步兵俑

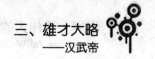

元封元年（前110）的冬天，汉武帝的大军一举攻入东越。为求保全，当时的越繇王居股里应外合杀死了余善，并在叛乱平定以后率部降汉。汉武帝借机废除了闽越政权，就此结束了闽越的割据，同时让当地居民迁到江淮平原，闽越这个小国正式推出了中国的大历史舞台。

另一方面，南越政权自赵佗归附汉朝以后，在很长时间内一直都采取亲汉的政策。当到了赵佗第四代孙婴齐为王时，一部分的割据势力，也就是以丞相吕嘉为首的一部分人开始对亲汉的政策有所不满。婴齐死后，他的儿子赵兴继为南越王。此时南越贵族内部的矛盾终于发展到了全面激化的临近点上。吕嘉在汉武帝元鼎四年发动政变，杀死了赵兴和王太后摎氏，立建德为南越王，杀掉汉使，宣告了与汉朝的彻底决裂。

元鼎五年秋，汉武帝遣伏波将军路博德和楼船将军杨仆率10万精兵，从水陆同时进军攻打南越。汉军势如破竹，仅仅用了一年时间就攻破南越的都城番禺——也就是今天的广州。无奈之下，吕嘉和建德只好率贴身卫队的百人逃入海中，然而最终也未能摆脱抓捕被杀的命运。至此，三越政权被彻底地抹去。汉武帝为了巩固统治，在原南越地区置桂林和交趾等九郡。

汉武帝在平定东南三越的同时，也派兵入西南，收复了位置偏僻，文化蔽塞夜郎、滇国等地政权，并在当地设犍为、益州等郡。汉朝的西南地区包括现在的贵州、云南及四川南部一带。在当时，这些地方的少数民族统称为“西南夷”，他们的文化十分落后，所以汉武帝便用以夷治夷的方法，向滇王赐“滇王之印”，允许滇王继续管理他的臣民。至此，西南的大部分地区也都已归入西汉版图。

对南方用兵，消灭了三越，此时南方最远的疆土已经达到今天的越南。同时在当地逐步恢复了秦以来中央集权的郡县制，更加有利于国家政治的稳定和经济的发展。

剑指匈奴，开疆辟土

匈奴是指河套平原上一个古老的民族，自从汉高祖刘邦建国以来，匈奴一直都是北方无法回避的一个重大威胁。由于经历了秦末的动乱，汉初国力有限，还无法通过军事手段解除匈奴这一强大的敌人，于是百年间，汉朝都是通过具有屈辱性质的和亲政策缓解来自匈奴的压力，以换得形势的稳定。但匈奴人并不安分，他们常常侵扰北部边境的汉民，经常掠夺牛羊马匹、钱财粮食，甚至抢夺汉族百姓的耕地。在汉武帝即位后，在努力“内治”的同时，也没有忘记寻求有效解决匈奴这一“外患”的最终办法。登基之初，为了稳定局势，汉武帝也曾经派宗室女向匈奴和亲，但是在亲政之后，汉武帝决定结束“和亲”这种屈辱性的行为，谋求向匈奴实施军事打击，从根本上解决这一外患。但是，汉武帝非常清楚，消灭匈奴并非一朝一夕的事情，首要前提就是国家的稳定和强大。为此，汉武帝进行了一系列周密的安排。

发动战争一定会消耗掉大量的财政收入，所以一旦国库空亏、粮草不足，也就没有了打仗的资本，汉武帝对此心知肚明。为此，他除了巩固削藩带来的经济实惠以外，还坚持实行文景时期推行的养马政策，通过鼓励养马建立一支强大的骑兵队伍。而且为守卫边防，抵御匈奴的侵犯，汉武帝派遣大将李广率领军队驻守北方要塞，并征调全国士卒充实边防。这一做法不单起到震慑匈奴的目的，而且也以此来向匈奴表示自己坚决对抗的决心。

后来，在暂时平定了闽越国的动乱之后，汉武帝认为能够腾出手来试探一下是否能在对匈奴的战争中取得优势，便于元光二年也就是公元前133年，他采纳了王恢的建议，派遣李广、公孙贺、王恢、李息、韩安国五员大将率领大军30万，在边境的马邑设下埋伏，接着又让马邑当地的富豪聂壹以与匈奴进行交易为由，将敌人引入埋伏。这一看似十分周密而详尽的计划事实上却事与愿违。匈奴人在交易中发觉可能有诈，随即撤兵，以至于汉朝的30万大军无功而返。汉武帝谋划的第一场战争就这样不了了之，但这种遗憾却更加坚固了汉武帝全面打击匈奴的决心。马邑之谋后，汉武帝觉察到了汉朝军事体制当中存在的问题，开始了大规模的全面改革：用大将军加“侍中”的统兵制度取代太尉统兵制，并果断地破格提拔了一些出身低微，但才干了得的青年将领，其中就包括皇后卫子夫的弟弟、奴隶出身的卫青任大将军。这种对兵役制度的改革，不单调整军队的构成，而且升级了骑兵的装备也加强了对士兵的训练，进一步使汉军战斗力有了明显提高，至此汉武帝完成了大规模反击匈奴的准备。

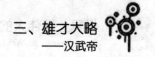

元光六年，也就是公元前129年，匈奴人大举南下，目标上谷（今河北怀来）。得到消息后，汉武帝果断出兵迎敌。他兵分四路，分别派遣车骑将军卫青带兵直达上谷，又派遣骑将军公孙敖和轻车将军公孙贺，带兵分别由过代郡（今山西大同）和云中（今内蒙古托克托）作为侧翼，又派遣骁骑将军李广兵发雁门。汉武帝原本的设想是让四员大将各率一万骑兵，从四个方向迎击匈奴，但结果却十分尴尬。四路大军中，只有首次带兵出征的卫青出人意料地直捣龙城，在上谷战场斩匈奴首级700，勉强算作大获全胜。而另外三路中，公孙贺的人马去大漠里转了一圈，一个敌人都没有看到，最后只能无功而返；公孙敖半路遭了匈奴的伏击，一下就损失了7000骑兵，帅残部逃回了长安；李广的队伍孤军深入，不幸碰到了匈奴军主力，寡不敌众，飞将军李广兵败被俘，万般无奈之下只得靠装死骗过匈奴守卫才得以夺取马匹只身一人返回长安。四将之中只有卫青凯旋，面对如此局面，汉武帝一方面愈加赏识卫青，将其加封为关内侯；另一方面也并未轻率治其他几人的罪。汉武帝也并未失望，而从长计议，仔细反思了这一仗中的得失，以备再次迎击匈奴的来犯。

一年以后，也就是汉武帝元朔元年的秋天。匈奴人因为在上一次的交锋中，取得了绝对性的胜利，并没有把刘彻这个刚刚登基不久的年轻的帝王放在眼里，也认为现在的汉朝仍然是过去那个内忧不断的汉朝。于是乘着上一次胜利的东风，匈奴人的气焰愈加嚣张。匈奴骑兵再度大举南下侵犯，一路烧杀抢掠，轻而易举地便攻破辽西杀死了辽西太守，之后又向西进犯，打败了守卫渔阳的大将韩安国，并将汉民2000多人掠回匈奴的领地。当时的飞将军李广镇守在右北平（今辽宁凌源），虽然李广在上一次的战斗中惨败，但其威名远扬，匈奴人仍然十分忌惮。为了避其锋芒，匈奴骑兵不惜借道到雁门关进攻汉朝的北部边郡。

面对几乎踏入家门口的敌人，汉武帝从容应对。他拨给前一年一战成名的卫青3万骑兵，让卫青担当主帅奔赴战场，正面迎击敌人。然后又命将军李息带兵从代郡出发，从匈奴背后实施突袭，与卫青相互配合，两面夹击敌人。战斗中，卫青因为有了被汉武帝嘉奖，自然心中十分感激，于是表现得格外英勇。他身先士卒，一马当先地冲在最前面，将士们受其鼓舞更加奋勇争先，军队所向披靡。最终，汉军斩杀和俘获的匈奴人达数千名，其余来敌落荒而逃，汉军大获全胜。

面对第一次与汉军对阵的大规模溃败，匈奴单于自知受了奇耻大辱，一心想要报此一箭之仇。在汉武帝元朔二年，匈奴几乎倾举国之力，大举进攻上谷、渔阳等地。对于这一次匈奴的大举进犯，汉武帝早有预见，也早已积极做好了应对的准备。他派遣已是汉军主帅的卫青带兵直取匈奴盘踞已久的黄河河套地区。领命之后，卫青率4万大军从云中出发，灵活地运用“迂回侧击”战术，成功绕到匈奴后方，一举攻占高阙（今内蒙古杭锦后旗）并切断了匈奴驻守在河套的白羊王、楼烦王与单于王庭之间的联系。然后，卫青又率精锐骑兵南下，进军陇县。白羊王和楼烦王被他牢牢地包围了起来。面对汉军的汹汹来势和卫青的势在必得，两王心中没底，不敢发兵出击，最后只能率所部仓皇逃走。汉军乘胜追击，捉住的匈奴军数以千计，抢夺的牲口甚至有几百万之多。卫青以极小的损失换取了极大的胜利，这是西汉王朝在对匈奴的战争中取得的第一次大胜。无论是司马迁的《史记》，还是班固的《汉书》都对这次汉军“全甲兵而还”的大捷予以极高的评价。卫青更因赫赫战功加封长平侯，食邑3800户。此次大捷以后，河套平原完全掌控在汉朝的手中。河套平原是北方难得的一块水草肥美的地区，同时也是地势险要的交通要冲。于是，具有敏锐的战略眼光的汉武帝命人在此营建了朔方城，并设置了朔方、五原两郡，同时也对秦朝时蒙恬修筑的边塞防御工事设施加以修复。随后，汉武帝又下令迁徙内地10万户到此定居，以此巩固和稳定自己的胜利，并发展当地经济。由此，后人不得不佩服汉武帝的雄才大略。如此一来，不但遏制了匈奴骑兵轻易南下的步伐，使都城长安百年来受到威胁几乎完全得以解除，而且还使汉朝建立了进一步反击匈奴的前方基地。朔方城就像一根大钉子钉进了匈奴的领地，汉朝一下子便由被动变成了主动。

之后，不甘心失败的匈奴一心想要重新夺回河套。几年中屡次出兵进犯，但因元气大伤，所以均被汉军轻而易举地挡回。同时汉武帝也在积极准备对匈奴实施进一步的打击。于是在元朔五年，也就是公元前124年的春天，汉武帝以卫青为主，率3万骑兵在高阙出发，同时以苏建、李沮、公孙贺、李蔡为一组，以李息、张次公为一组为侧应，分别从朔方和右北平出发，兵力总数超过10余万，开始实施对匈奴的远征。当时的匈奴右贤王认为汉军长途跋涉，短时内不可能到来，便放松了警惕。但他万万没有想到的是，卫青的大军急行六七百里，趁着夜色就包围了右贤王的营帐。此时的营帐中，在妻妾的簇拥下畅饮着美酒的右贤王已经有了八九分醉意。他忽然察觉帐外火光遍冲天，听到杀声震天，一下子酒醒了一多半，惊慌失措间急忙上马，带着贴身的几百名精锐士兵，向北突围而出。这次进攻虽然没有活捉到右贤王，但却俘虏了10多个右贤王麾下的小王，男女人口共计1.5万多名，还有几百万头牲畜。汉军再次大获全胜。

接到捷报的汉武帝喜出望外，早早派出特使捧着印信，到军中拜卫青为大将军，并加封食邑到8700户。卫青至此确立了在汉军中一人之下万人之上的最高权力。此时卫青的三个儿子都还在襁褓之中，也都被汉武帝封为列侯。卫青非常谦虚，坚决推辞说："微臣有幸待罪军中，仰仗陛下的神灵，使我军获得胜利，这全是将士们拚死奋战的功劳。陛下已加封了我的食邑，而我的儿子年纪尚幼，毫无功劳，陛下却也分割土地，封他们为侯。这样不能鼓励将士奋力作战，他们三人怎敢接受封赏。"汉武帝表示："我没有忘记诸校尉的功劳，同样也会嘉赏。"汉武帝随后又封赏了随从卫青作战的公孙敖、韩说、公孙贺、李蔡、李朔、赵不虞、公孙戎奴、李沮、李息、豆如意等。

元朔六年（前123），汉武帝派遣卫青率10万骑兵出塞追歼匈奴大将军，卫青亲自挑选了800名精锐骑兵由霍去病指挥。汉军出塞之后，霍去病担任先锋，率800骑兵奔袭数百里，以雷霆之势突袭匈奴大军，敌兵被打得措手不及，虽然经过几次的打击，但匈奴依然猖獗。入代地，攻雁门，劫掠定襄（今山西省定襄）、上郡（今陕西绥德县东南）。元朔六年（前124）二月，汉武帝又命卫青攻打匈奴，斩获匈奴军一万多名，战果辉煌。元狩二年（前121）春，霍去病被汉武帝任命为骠骑将军，率兵万骑出塞，越过焉支山（今甘肃山丹），袭击占据河西地区（今河西走廊及湟水流域）的匈奴。同年夏天，霍去病又与公孙敖率数万骑出北地（今甘肃庆阳），深入2000多里至祁连山（今甘肃张掖），击败匈奴主力，歼敌3万多人，俘获匈奴酋涂王及单于阏氏、王子等百余人。这次战斗是西汉王朝对匈奴开战以来所取得的一次空前的大捷，朝廷完全控制了河西地区，河西走廊一直是汉朝通往西域的交通要道，因此扫清匈奴这一障碍，为西域诸国与内地的联系创造了十分重要条件。由于屡遭重创，匈奴伊稚斜单于逐渐感到心有余悸，遂将王廷移至漠北，如此一来即可暂避汉军锋芒，又可引诱汉军深入大漠，再乘其兵疲偷袭。于是，汉武帝决定将计就计，发动了第三次对匈大战，趁匈奴王庭搬迁、疏于防范之际，攻其不备，将其一举击溃。

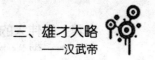

元狩四年（前119）春，汉武帝调集骑兵10万、战马14万、步兵及转运车夫10万，以卫青和霍去病为最高统帅出征。两军分别出定襄和代郡，深入漠北，寻歼匈奴主力。

卫青率前将军李广、左将军公孙贺、右将军赵食其、后将军曹襄出塞后，得知单于踪迹后，亲自领精兵追击，命李广、赵食其从东路策应。卫青率军穿过大漠，遭遇严阵以待的单于本部军队。日暮时分，大风骤起，沙石扑面，卫青乘势指挥骑兵从两翼包抄单于。单于自知难敌兵强马壮的汉军，率数百精骑突围逃出，匈奴军遂溃散。卫青追至颜山（今蒙古人民共和国杭爱山南）赵信城，歼敌近2万，烧毁粮草后还师。霍去病出塞后与匈奴左贤王部遭遇，经一番激战，汉军夺左贤王指挥旗鼓，匈奴四散溃逃。霍去病率部追击，直至狼居胥山（今蒙古人民共和国乌兰巴托东），深入2000余里，歼敌7万余而还，留下“封狼居胥”的千古美谈。

漠北之战是汉族军队在沙漠、草原地区进行的一次经典战役，在中国战争史上具有重要意义。经过这次大战，匈奴各部人马损失惨重，势力大范围退缩，“是后匈奴远遁，而漠南无王庭”。此后，汉匈两国暂时休战，危害汉朝江山百余年的北方边患终于得到有效解决。通过几十年抗击匈奴的战争，汉武帝不但解除了来自匈奴的威胁，重新夺回河套和河西走廊地区，将当时汉朝的北部疆域从长城沿线推到了阴山甚至更远。更匈奴置于被动称臣的局面，保障了北方文化经济的发展。

打通西域，结成联盟

汉武帝在发动对匈奴战争同时，也派遣张骞于元朔三年（前126）和元狩四年（前119）两次出使西域。他使汉朝获得了大量前所未有的西域资料，打通了著名的丝绸之路，进一步加强了与西域的联系，促进了西域社会的进步，丰富了中原地区的物质生活，发展了中西经济文化的交流。

在与西域的交往过程中，汉武帝采用了刚柔并济的方法，即和亲加出兵的双重手段，除非外交手段不能解决问题方才斥之武力。其中，匈奴控制的楼兰和姑师两国便是汉朝在丝绸之路上相对而言的最大阻碍，但是较之对匈奴的用兵，这不过只是小打小闹罢了。汉武帝元封三年（前108），汉武帝遣赵破奴统兵数万，征伐楼兰。最终，楼兰王被擒，楼兰至此成为汉朝的属国。又在后来的征和四年（前89），汉军出兵姑师，姑师兵败国破，完全被汉朝征服。

在这期间，为彻底驱逐匈奴在西域的势力，也为了夺取大宛的汗血宝马，爱马如命的汉武帝决定不惜代价，攻克大宛。太初元年（前104），汉武帝遣贰师将军李广利进军大宛，大宛坚决抵抗，汉军久攻不克。于是汉武帝再派援军，前后发兵10余万，终于在太初四年（前101）围困大宛都城。最终，大宛贵族杀死国王，献良马数10匹、中等马3000匹请降，汉军这才罢兵回朝。

打通西域，开通丝绸之路中西文化交流史上的重大事件。它一方面加强了民族融合、交流，另一方面也奠定了中国版图的基础。汉武帝以后，中国历代疆域虽时有变化，但大体是在汉武帝对外扩张后的范围内增减，中国的疆域范围从此确立了下来。

【人物评价】

公元前87年，汉武帝驾崩于五柞宫，享年70岁，葬于茂陵，谥号“孝武”，庙号世宗。他在位的54年中（前141—前87）大破匈奴、吞并朝鲜、遣使出使西域。首创年号，独尊儒术，开拓了汉朝最大版图，功业辉煌。《汉书》评价他“雄才大略”，同时按照《谥法》，“武”的意思是“威强睿德曰武”，也就是坚强、威严、明智和仁德。在中国历史书里，“秦皇汉武”并称。今天我们看他的历史，不能否定他是一个十分杰出而且特殊的人物。他的功业，对中国历史进程和后来西汉王朝的发展影响深远。

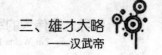

但是，汉武帝连年征战，耗尽了国库，导致民生凋敝，在位晚年发生农民暴动，并在巫蛊案中冤杀无辜。征和四年（前89），已然老年的汉武帝向天下人昭告：自己给百姓造成了痛苦，从此不再穷兵黩武、劳民伤财，甚至表白了内心悔意。这就是《轮台罪己诏》。这份诏书，是中国历史上第一份帝王罪己诏。敢于罪己，置自己过失于天下舆论中心，汉武帝无疑是史上第一人。

【知识链接】

汉武帝的若干历史第一

继汉朝文景之治以后，中国历史上出现的一位雄才大略的皇帝——汉武帝。“秦皇汉武”的并称，显示出了汉朝这位皇帝的卓越才能。

汉武帝是位富于开拓精神、创新精神、勇于进取的人。他在位的50多年中，使中国处在充满生机的改革与不断发展的时代中。汉武帝开创了一套新的治国方略，保证了西汉的强大和繁荣。

1. 尊儒术，以儒家思想作为国家的统治思想始于汉武帝。

2. 汉武帝于元封六年（前105），以宗世女细君为公主嫁乌孙和亲。这是中国历史上首次与西域国家和亲。

3. 汉武帝是中国历史上第一位使用年号的皇帝，先是6年一个年号，后来4年一个年号。

4. 汉武帝是第一位在统一的国家制定并颁布太初历的皇帝，以正月为岁首一直用到现在。

5. 举贤良，方正直言，极谏之士对策，武帝亲自策问，选拔人材做官。后世科举之制始于此。

汉武帝茂陵

6. 汉武帝派遣张骞通西域，打通了丝绸之路。促进了中西双方的文化和经济交流，这在中国历史上是第一次。

7. 为加强皇权，汉武帝时改革丞相制度，设立中朝（内朝），对后来的丞相制度演变发生了重大影响。

8. 中国历史上第一位派大军深入匈奴进行决战的皇帝是汉武帝。

9. 汉武帝在尊儒术时，又“悉延（引）百端之学”，形成了在以儒家思想为统治思想的同时，又兼用百家的格局，这也是历史上的首次。

汉武帝时期，还开创了许多中国上的历史第一，这些创举，是中国古代历史蕴积的产物，牵涉到了思想文化、礼乐习俗、科学技术、社会经济、政治制度等社会生活的各个方面的发展演变等，对后世产生了深远的影响。

四、大独裁者——恺撒

伟人语录

我来了！我看见！我征服！

——恺撒大帝

凯撒雕像

人物简介

盖乌斯·尤利乌斯·恺撒（前100—前44）是罗马共和国末期杰出的军事统帅、政治家，尊号为“Dictator”，意为“独裁官”。公元前60年与庞培、克拉苏秘密结成前三头同盟，随后出任高卢总督，花了8年时间征服了高卢全境（现在的法国），还袭击了日耳曼和不列颠。公元前49年，他率军占领罗马，打败庞培，集大权于一身，实行独裁统治，制定了《儒略历》。公元前44年，恺撒遭以布鲁图所领导的元老院成员暗杀身亡。

“神圣的尤利乌斯”

身世显赫的“爱神”后裔

恺撒的父母双方都出身于纯粹的贵族家庭环境中，因此恺撒得到了很好的庇护。其父在公元前100年前后担任过财政官、大法官等职务，还曾出任过小亚细亚的总督。他的母亲奥莱莉娅也是来自权势很大的奥莱利·科塔家族。除此之外，在其直系亲属中，曾有多人担任过执政官、大法官等职务。恺撒的外祖父卢西乌斯·奥莱利乌斯·科塔也曾在前119年担任过执政官，他在恺撒事业的开始阶段，始终如一地支持和有求必应，使恺撒获得了强有力的支持。其叔父塞克斯图斯·尤利乌斯于公元前91年晋升到执政官的职位，姑母茱莉娅也嫁给了赫赫有名的马略。如此显赫的身世，注定了恺撒将来至少会获得类似行政官的职务。

身世显赫的恺撒为了让自己的氏族地位更加牢固，还努力为自己创造了一个神圣的家谱：根据神话传说，罗马城的缔造者罗穆卢斯的祖先是特洛伊英雄安喀塞斯与女神阿佛洛狄德（罗马人的维纳斯）生下的特洛伊王子埃涅阿斯。而埃涅阿斯之子阿斯卡尼又名尤尔，恺撒利用词源学，将其作为自己氏族的祖先，并由此断言自己是维纳斯的后裔。

敏而好学的将相之才

恺撒早年受教育的情况，由于缺少资料，一直不甚清楚。他和那个时代的罗马贵族一样，直到7岁为止，在家中接受母亲的家庭教育。7岁时，恺撒被送进了专门培养贵族子弟的学校。在学校里，他的文学、地理、历史等科目经常得到老师的夸奖。才思敏捷的恺撒，总能问出许多老师意想不到的问题。按照传统，恺撒在学习完数字、字母以及拉丁文的入门知识之后，师从雄辩术教师，学习演讲辩论。此外，还要学习哲学和法律等基础知识。最后，同所有贵族子弟一样，接受军事技术方面的教育，包括参加各种各样军事体育训练，阅读各种历史、攻城术和战术等方面的著作。

恺撒小时候最崇拜的就是他的姑父——马略，他常常跟着他的姑父，听他讲他在外出征打仗的故事。恺撒的母亲深信自己的儿子不是凡夫俗子，一直不放松对恺撒的教育。恺撒也不辜负母亲的期望，博览群书，学业日益长进，文章写得非常好，十几岁就发表了《赫库力斯的功勋》。他酷爱古希腊文化，特别是希腊的古典文学。恺撒除文学外还喜欢体育运动，他精通骑马、剑术等，练就了发达的肌肉，体魄非常强健。在他15岁时，按照罗马的习俗，开始穿成人的白长袍。他的传奇一生在经过了良好的教育和训练以后，开始谱写出新的篇章。

三头同盟与高卢战争

公元前60年（一说前59年），恺撒被选举为罗马共和国的执政官。在此之前，恺撒与庞培、克拉苏在公元前70年共掌执政官之后结怨。此时，已经成为罗马首富的克拉苏正在为获得对抗帕提亚所需的军队控制权而犯愁；庞培正在元老院争取安置他的退伍老兵的土地，却遭到失败；而执政官恺撒也正好需要庞培的声望和克拉苏的金钱。因此，恺撒成功地使两人言归于好。三人于公元前60年订立盟约，目的是使“这个国家的任何一项措施都不得违反他们三人之一的意愿”。历史学家将这个联盟称为“前三头同盟”。恺撒在完成执政官任期之后，被授予作为总督管理山南高卢（今阿尔卑斯山南部、意大利北部）、南法高卢（今阿尔卑斯山北部、法国南部）和伊利里亚（今巴尔干半岛亚得里亚海沿岸地区）五年（前58—前53）的权力。但是野心勃勃的恺撒似乎并不满足于这些，他在公元前58—前49年间发动了高卢战争。

高卢战争是高卢总督恺撒为壮大自己的实力，战胜自己的对手进而确立独裁统治而进行的一场建功扬威、扩军备战、掠夺财富的残酷战争，也是罗马共和国为征服高卢、扩大疆土而进行的侵略性远征。高卢是罗马共和国北部的一大片土地，包括今天的意大利北部、法国、卢森堡、比利时、德国以及荷兰和瑞士的一部分。公元前1世纪，罗马共和制面临危机，以苏拉为首的元老派同以马略和秦纳为首的民主派为争夺政权展开了殊死搏斗，双方兵戎相见，互相报复，意大利血流成河。斗争的结果是苏拉派勉强维持了元老派统治，推行民主改革的马略派死伤殆尽，一蹶不振。

在统帅军队在各地作战的这9年时间里，恺撒夺取了整个高卢地区（约相当于今天的法国），并把以比利牛斯山、阿尔卑斯山、塞文山、莱茵河和罗纳河为界，周长超过3000英里的地区（除了部分同盟者的城市），统统变成了一个行省（高卢行省），并规定每年向他上缴大量的钱财。此外，恺撒还是第一个跨过莱茵河，到对岸（日耳曼尼亚）去进攻日尔曼人的罗马人。恺撒以高卢行省为基地，开疆拓土，招兵买马，增加实力与威信，为夺取更大权力准备条件。公元前58年，通过三头协议，恺撒出任高卢总督，这标志着高卢战争的开始。

高卢战争包括8次军事远征。凯撒上任开始即大举扩张。公元前58年是第一次远征。恺撒在比布拉克特交战中，用4个军团击败了人数最多的高卢部落之一——海尔维第人，他们企图从现在的瑞士地区向西南迁徙。

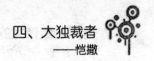

同年，恺撒进行第二次远征，击败了由斯韦夫人的首领阿里奥维斯特指挥的日耳曼部落联军，并将其赶过雷努斯河（即莱茵河）。恺撒在公元前57年发动第三次远征，征服了比尔及人和其他东北部的高卢部落。至此，恺撒向元老院报告，他已征服了整个高卢。后高卢部落不堪忍受罗马人的掠夺和暴行进行了多次起义。恺撒为镇压这些起义，又对高卢进行了5次远征。

公元前56年，恺撒进行了第四次远征，镇压韦内蒂人和阿奎达尼人的起义。他击败起义军并对起义者进行了残酷迫害。次年，恺撒又第五次远征高卢，袭击了韦内蒂人的同盟军——日耳曼部落的乌西佩特人和滕克特里人，并渡过莱茵河将他们歼灭。恺撒于公元前55年秋天率两个军团在不列颠群岛登陆，企图瓦解高卢人的同盟军，却遭到当地人的顽强抵抗。经过几次交战，恺撒同不列颠人签订和约，率军返回高卢。第二年，他又率领5个军团和2000名骑兵发起了第六次远征。罗马大军渡过拉芒什海峡，试图再次占领不列颠群岛。恺撒军队在战斗中多次获胜，但由于在当地部落中没能找到同盟军，因此未能牢固控制不列颠群岛。第七次远征发生在公元前54—前53年间，目的是镇压埃布龙人、阿杜阿蒂基人、内尔维人、特雷维里人和其他部族的起义。第八次远征发生在公元前52年，目的是镇压由杰出的军事首领、阿尔韦尼人部落酋长韦桑热托里克斯领导的几乎所有高卢部落参加的起义。起义军在格尔戈维（今克莱蒙费朗附近）击败了罗马人。但由于恺撒的离间计和各部落之间的纷争，韦桑热托里克斯的主力被罗马军包围在阿莱夏要塞。恺撒军队击溃了韦桑热托里克斯的援军，迫使守军投降。紧接着，恺撒率军于公元前51年逐个镇压了高卢部落的多次起义。高卢战争使恺撒获得的巨大声望，让人在罗马的庞培感到不安。

艰苦的内战

公元前53年，东征帕提亚的克拉苏战败身亡，三头政治不稳，元老院顺势拉拢庞培。公元前49年，元老院向恺撒发出召还命令，命令恺撒回罗马，恺撒回信表示希望延长高卢总督任期，元老院不但拒绝，还发出元老院最终劝告，表示恺撒如果不立刻回罗马，将宣布恺撒为国敌。于是恺撒带军团到国境线卢比孔河。罗马法律规定，任何指挥官皆不可带着军队渡过卢比孔河，否则就是背叛罗马。恺撒深思后，说道，“渡河之后，将是人世间的悲剧；不渡河，则是我自身的毁灭。”于是，他带着军团渡过卢比孔河。此举动震动庞培以及元老院共和派议员，他们没想到恺撒竟如此大胆，急忙带着家属逃离意大利半岛。至此，恺撒兵不血刃地进入罗马城，并要求剩余的元老院议员选举他为独裁官。

接着，他在公元前48年的法萨卢斯战役中彻底击败庞培，并追击庞培到埃及。埃及人为了讨好恺撒，让他支持现任国王托勒密十三世，于是刺杀了庞培。之后，将庞培的人头献给恺撒。然而，恺撒却宣布埃及王位由托勒密十三世与他的姐姐——后来的埃及艳后——克利奥佩脱拉共享。此举惹恼埃及人，爆发了亚历山大战役。恺撒带领的第六军团艰苦抵抗埃及军，再加上援军到达，彻底击败埃及军，托勒密十三世阵亡，克利奥佩脱拉登上埃及王位。遗憾的是，在会战期间，恺撒士兵所发射的火箭命中亚历山大城的大图书馆，60多万本书毁于一旦。在亚历山大战役结束后，恺撒与克利奥佩脱拉进行一次为期两个月的尼罗河之旅，接着征讨破坏与罗马之间协约的本都王国，胜利之后，他给元老院写一封信，里面只有三个字我来、我见、我征服。恺撒回罗马之后，再次召集军队，攻打逃至北非与努米底亚王犹巴结成同盟的庞培余党，于塔尔索斯会战中获得完全胜利。之后，恺撒回到罗马并进行长达10天的凯旋式。

密谋暗杀　恺撒遇刺

公元前44年，恺撒为了拯救卡雷会战中被俘虏的9000名罗马士兵，宣布将远征帕提亚。但是，当时的占卜师说“只有王者才能征服帕提亚”，此举更加深共和派议员的不安，认为恺撒终将称王。2月，在一项典礼上，执政官安东尼将花环献给恺撒，并称呼恺撒为王。虽然恺撒拒绝，反恺撒一派更为恐惧，于是策划谋杀恺撒。参加反对恺撒的阴谋的大约有60多人，为首的是该尤斯·卡西乌斯、马可斯·布鲁图斯、德基摩斯·布鲁图斯。他们称自己为解放者，这些人在刺杀恺撒前曾和卡西乌斯会面，卡西乌斯告诉他们说如果东窗事发他们就必须要自杀，在达成协议后他们开始了暗杀恺撒的计划。

在公元前44年3月15日，一群元老叫恺撒到元老院去读一份陈情书，陈情书是元老写来要求恺撒把权力交回议会。可是这陈情书是假的。当马克·安东尼从一个叫做卡斯卡的解放者那里听到消息，他赶紧到元老院的阶梯上要阻挡恺撒。可是这些参与预谋的元老在庞贝兴建的剧院前先找到了恺撒，把他领到了剧院的东门廊。恺撒在读这假的陈情书时，卡斯卡脱开恺撒的外套，然后用刀刺向他脖子。恺撒警觉，转过身抓住卡斯卡的手说："恶人卡斯卡，你在做什么?"被吓到的卡斯卡转向其他元老，用希腊语说："兄弟们，帮我!"霎时间，包含布鲁图斯的所有人都开始刺向恺撒。恺撒最后因为血流太多眼睛看不见，摔倒后没能脱逃，最后这些人把倒在地上的恺撒杀害了。根据史学家尤特罗匹斯的说法，当时有60多人参与这谋杀。

在莎士比亚的剧作中，阴谋者在恺撒就座时，全部向他围拢过来。提留斯·廷布尔立即走到恺撒身边，好像要问什么，却乘势抓住他的双肩。同时，恺撒的颈部被一个叫卡斯卡的人刺中。恺撒用铁笔戳进被其抓住的卡斯卡的手臂，却不断被其他人刺伤。当他发现，四面八方都收到暗杀者的攻击时，尤其看到马可斯·布鲁图斯扑向他的时候，他放弃了抵抗，只对着马可斯·布鲁图斯用希腊语说了一句："我的孩子，也有你吗?"随即倒了下去。就这样，恺撒身中23刀（其中仅有一处是致命伤），倒在了庞培的塑像下气绝身亡。他们本想把恺撒的尸体投入台伯河，但是慑于骑兵长官雷必达和执政官马克·安东尼而没有这么做。

按照恺撒岳父的要求，他的遗嘱在马克·安东尼的家中启封宣读。这份遗嘱在前一年的9月13日立下，一直保存在维斯塔贞女祭司长手里。在这份遗嘱中，恺撒指定自己姐姐的三个孙子为自己的继承人：财产的1/4由鲁基乌斯·皮那留斯和克文图斯·佩蒂尤斯分享，余下的3/4给屋大维；为自己可能出世的孩子指定了监护人，其中几个竟是参与阴谋的凶手；还指定屋大维为自己的家庭成员，将自己的名字传给他，并规定德基摩斯·布鲁图斯为第二顺序继承人；此外，他还赠予每个公民300塞斯特尔提乌斯，并把台伯河的花园留给人民公用。

阴谋刺杀恺撒的人里，所有人都被判有罪，并以不同方式死于非命：一部分人死于海难，一部分人死于屋大维和其他恺撒部将随后发动的战争，有些用刺杀恺撒的同一把匕首自杀。恺撒死时58岁，死后按照法令被列入众神行列，被尊为“神圣的尤利乌斯”。

【人物评价】

罗马帝国的奠基者是恺撒，一些历史学家以他就任终身独裁官的日子为罗马帝国的诞生日。影响所及，有罗马君主以其名字“恺撒”作为皇帝称号，其后德意志帝国及俄罗斯帝国君主亦以“恺撒”作为皇帝称号。

【知识链接】

三头同盟

公元前73年，在镇压斯巴达克斯奴隶大起义的过程中，苏拉的两位部将庞培和克拉苏一度成了罗马的风云人物，但是他们因为和元老院的冲突而废除了苏拉留下的制度。公元前60年，恺撒与克拉苏、庞培结成秘密的政治同盟，一起反对元老院，史称“前三头”。为了巩固这一同盟，恺撒把自己年仅 14 岁的女儿嫁给了 50 岁的庞培。恺撒在克拉苏和庞培的支持下，于公元前 59 年当选执政官。

恺撒于公元前 58 年赴任山南高卢总督，他利用日耳曼人入侵高卢之机和山北高卢各部落间的不和，经 3 年苦战，征服了大部分的高卢领土。恺撒的声望和势力都因此大增，引起了庞培的嫉妒和戒心。公元前 53 年，克拉苏在对安息的战争中失败阵亡，“三头”剩下了“二头”。这时，庞培便与元老院相勾结反对恺撒。

公元前 49 年 1 月 1 日，庞培与恺撒之间的关系因为元老院作出的决议完全破裂。决议决定恺撒在高卢总督任满后，必须解散军队，如果拒绝，他将被宣布为祖国之敌。1 月 10 日，恺撒越过分割他管辖的高卢与意大利本土之间的卢比肯河，进军罗马，从而引发内战。元老院任命庞培为指挥官前往应战，大败于恺撒，继而仓促逃往希腊。恺撒占领了罗马，被任命为独裁官。但是恺撒放弃了这一临时性的职位，而当选了执政官。

不久，恺撒在法萨卢斯战役中与庞培展开决战。庞培败北后又逃往埃及。而恺撒又追到了埃及。埃及国王为了讨好恺撒，便杀了庞培。按照前任国王的遗嘱，埃及法老托勒密十三世本应该与他的姐姐克丽欧佩特拉七世共同执政，但是他独揽了大权。克丽欧佩特拉的美貌和才华征服了恺撒，恺撒把她扶上了王位，这就是历史上有名的“埃及艳后”。

直至公元前 45 年，恺撒结束了内战，带着埃及女王以及他们的儿子凯萨里奥回到了罗马，成为了罗马唯一的最高统治者。

五、伟大的野蛮人，欧洲之父——查理曼大帝

人物简介

查理曼大帝

查理曼大帝（742—814），又称查理·卡尔大帝，或“伟大的野蛮人查理曼”，是法兰克王国加洛林王朝的国王，神圣罗马帝国的奠基人。他建立了囊括西欧大部分地区的庞大的查理曼帝国。公元 800 年，被罗马教皇加冕为神圣罗马帝国的开国皇帝，号称“罗马人的皇帝”。他在位的 44 年期间，发动过对伦巴第人、萨克森人、阿瓦尔人等的许多战争，共计55场，控制了大半个欧洲的版图，在行政、司法、军事制度及经济生产等方面都有着杰出的贡献，他还大力发展文化教育事业。查理本人身材高大，姿态雄伟，但生活朴素，待人接物也十分热情、诚恳。他是一位虔诚的天主教徒，熟读天主教典籍。在他一生的征战中，积极捍卫着天主教在欧洲的权威，把对上帝的信仰教推广到所有被征服的土地上。他开启了欧洲现代文明的第一页，被后世赞誉为“欧洲之父”。

查理曼大帝的肖像很可能是世界上最为人熟知的脸孔之一，因为扑克牌中的红心 K 便是这位伟大的皇帝。

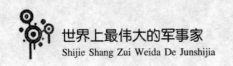

虔诚一生，以上帝的之名统一西欧

显赫家世中的幸运儿

查理在公元742年出生于法兰克王国埃斯塔勒市的一个名门望族家庭，他出生的这座城市后来成为了他庞大帝国的首都。他的祖父是杰出的法兰克民族领袖查尔斯·马特尔，即“铁锤查理”。因为显赫的家族势力和超于常人的才干，查尔斯·马特尔逐渐成为了掌握墨洛温王朝实际权力的宫相。他把持着王国内征收赋税、官吏任免、军队、以及刑事诉讼等方面的重要权力，俨然就是没有戴王冠的幕后国王。在此期间，阿拉伯帝国的骑兵曾越过比利牛斯山，入侵到法兰克王国境内。查理·马特尔带兵奋起抵抗，并依靠着中小地主和自由农民的力量，进行了重大的军事改革，组成了一支以重铠骑兵为骨干的新军。公元732年，他带领这支队伍，在波亚迭城和图尔城之间的平原大败阿拉伯人，并将阿拉伯帝国向西欧扩张的势力阻止在了比利牛斯山以南。后来，他又几次起兵入侵巴伐利亚、阿拉曼尼亚、屠林根、萨克逊、佛里西亚等地区，不断地使法兰克王国的疆域不断扩大。

查理的父亲丕平三世，即“矮子丕平”，在公元741年继为“宫相”。公元751年时，矮子丕平在获得了教皇的默许后，将墨洛温王朝的末代君王希得利三世放逐到修道院，并取而代之，从而结束了昏庸无能的墨洛温王朝的统治，建立了一个新的王朝——这个王朝被后世以查理的名字命名，被人们称作“加洛林王朝”。

公元768年，矮子丕平驾崩。根据日耳曼人的传统，父亲死后，下一辈的男丁应该均分土地，所以法兰克王国就应该由查理和他的弟弟卡洛曼分而治之。于是在查理的弟弟卡洛曼在苏瓦松即位的同时，查理也在努瓦永登基为王。不过，几年之后，也就是公元771年的12月4日，卡洛曼猝然去世，这对查理和法兰克王国而言却都可以说是幸运降临。同年，29岁的查理合并了他兄弟的领土，成为了法兰克王国的唯一君主。

查理的父亲矮子丕平一生都在维持与罗马教皇之间的良好关系，甚至通过武力为教皇争夺出一块世俗领地的统治权。在查理即位后，依然沿袭了这项政策，使法兰克王国在日后相当长的时期内都与罗马教廷保持着联盟式的微妙关系。从此之后，虔诚的天主教徒的查理便开始打着传布罗马天主教的旗号，开始了他为时43年武力扩张的戎马生涯。

征服西欧

在查理登基登基后不久，法兰克王国的统治还仅仅限于一部分的高卢地区。其主要包括今天的法国、比利时、瑞士以及荷兰和德国的一些地区。从小听着罗马帝国辉煌往事而长大的查尔斯必然不会就此满足。但当时的法兰克王国的军队还不足以强大到能进行对外扩张的地步。查理为了组建一只强大的军队，首先改革了法兰克王国的兵役制度。他规定，每一次的战争，大封建主们都必须随驾亲征，而且还要依据地位和财产的大小为王国贡献相应数量的士兵。如此一来，兵役就变成了对大封建主们征收的一项赋税，保证了在战争中军队所需要的士兵的数量。在经过一番缜密而细致的前期计划之后，野心勃勃的查理踌躇满志地开始了领土的扩张。同父亲矮子丕平一样的是，查理扩张国土时所面对的最大阻碍也来自伦巴第人和日耳曼人。

自从查理的弟弟卡洛曼去世以后，卡洛曼的遗孀妻子便带着儿女以及一些贵族和首脑逃往意大利，并将自己和整个家族置于伦巴第的国王狄西德里乌斯，这张强大的保护伞之下。狄西德里乌斯也承诺她会帮助卡洛曼家族重新夺得土地。矮子丕平在位期间，出兵夺走了本属于伦巴第人的拉韦纳公国，并把这块土地献给了教皇。伦巴第人在此后，便视这块被称为“丕平献土”的地方为奇耻大辱，也一直在寻找报仇雪恨的机会。

公元773年，狄西德里乌斯出兵包围了拉韦纳，入侵了教宗领土，这已然威胁到了罗马的安全，教皇哈德良一世赶忙向法兰克王国发出了支援的请求。在接到请求以后，查理立即和自己的伦巴第妻子蒂赛德拉塔离婚，并即刻发兵征讨，挥军南下进入意大利北部。这一仗打得十分顺利。法兰克的军队所向披靡，在经过了三次进攻以后，伦巴第人惨败。公元774年，意大利北部被查理并入了法兰克王国的版图。但是，为了巩固统治，查理必须发起第四次进攻，卡洛曼的遗孀和子女不得不投降，最后全部落入查理手中，此后不知所踪。

774年6月，法兰克军队攻陷了帕维亚，伦巴第的国王狄西德里乌斯兵败被俘。在给狄西德里乌斯戴上了著名的“铁甲面”以后，查理心满意足地兼任法兰克和伦巴第国王，从而结束了伦巴第对意大利的统治，来自于伦巴第的威胁从此被完全解除了。紧接着，查理又挥师向东顺带着将伊斯特里亚、威尼斯亚、达尔马干等地也一同兼并进自己的王国。

相比征服伦巴第而言，查理平生所进行的历时最久、战事最多、最激烈、也最血腥的战争是对萨克森人的战争。

萨克森人与法兰克人同属日耳曼民族。他们居住在德国北方，在莱茵河和易北河之间的一片广大而富饶的平原上生活。当时的萨克森人还处在半野蛮的状态中，他们生性嗜杀，也不断地对高卢地区进行剽掠和骚扰，因此查理下定决心将其征服，从而一劳永逸地解决这一问题。但在实际征战中遇到的困难是难以想象的，是征服伦巴第所遇困难的百倍。自公元772年起，到公元804年为止，查理先后对萨克森人发动了不下18次的进攻，历时长达33年。在此期间，对萨克森人的战争构成了法拉克王国军事活动的主要内容。由于查理是一个虔诚的天主教徒，在对萨克森的征服中，他坚持让身为异教徒的萨克人改信上帝，无论是拒绝接受洗礼还是后来又改信异教，一旦发现均判处死刑。在这种强迫改便其宗教信仰的高压政策下，估计有多达1/4的萨克森人被杀。终于，在经过一系列大大小小的战役和一连串的惨重牺牲及大屠杀后，查理终于征服了萨克森，将国境延伸至易北河一带，同时也完成了查理强迫萨克森人改信天主教的宗教道德理想。而这一征服行为更为重大的历史意义在于，萨克森被收入到法兰克王国的版图中，为日后查理统一日耳曼各部，为日后日耳曼民族以一个政治实体的姿态出现于世，扫清了最大的障碍。

公元787年，在与萨克森人漫长战争中的一个间歇，查理出兵巴伐利亚，将现今德国南部大片土地收入法兰克王国的版图。巴伐利亚地处多瑙河以南，在当时早已经是法兰克王国的一个保护国，尊法兰克王国为宗主。当时的巴伐利亚公爵塔西洛的妻子，正是曾遭受查理放逐的伦巴第国王狄西德里乌斯的女儿，公爵夫人想借丈夫的力量为父报仇。在妻子的唆使下，塔西洛勾结阿瓦尔人向查理挑衅。但因为实力相差悬殊，这场战争在不到一年的时间内便被查理平定了，然后派伯爵代替塔西洛统治了巴伐利亚，并宣布巴伐利亚为法兰克王国治下的一个省。至此，查理统治下的法兰克王国占有了整个日耳曼人的地区。

在征服了巴伐利亚后，查理并没有停下扩张的脚步，他向更东的地方进发。在法兰克王国的势力扩展至多瑙河流域的时候，与来自亚洲的黄种民族阿瓦尔人的矛盾不断激化到了顶点。所谓的阿瓦尔人就是中国史书中多次提及的“柔然”。这是一个与匈奴族有着血缘关系的亚洲民族，曾因被突厥人打败，这个部族便在公元6世纪中期辗转迁徙到东欧。他们经过了近100年的经营，到了公元7世纪的时候，阿瓦尔人已经在多瑙河中下游区域建立了一个强大的汗国，占有以今天的匈牙利和南斯拉夫为主的一大片广阔的领土，并奴役着巴尔干半岛上的南斯拉夫各部族人民，还经常侵扰意大利等地区。为了确保王国和东部边界地区安全，并彻底阻止阿瓦尔人继续骚扰巴伐利亚和意大利，从公元788年开始查理多次对阿瓦尔地区用兵。最终在公元796年，在南斯拉夫各部族的帮助下，查理取得了决定性的胜利，一举击溃了阿瓦尔人的军队。此后阿瓦尔汗国便一蹶不振，迅速衰弱。通过战争，法兰克王国从阿瓦尔人那里获得大量的财富，并占领了多瑙河下游地区。查理在接管这一地区后，便在多瑙河中游营建了王国的东方边防区，被称为“东方马克”。这里日后发展成了称雄几百年的中欧霸主——奥地利。正因为打败阿瓦尔人，法兰克王国和统治者查理的威名才能远播，所以，虽然萨克森和巴伐利亚以东的国家并未被法兰克人占领，但是在从德国东部一直到克罗地区的宽广地带上的那些小国家们，都已经全部承认了法兰克王国对其的宗主地位。

除了对东方的扩张以外，查理也从未停止确保法兰克王国的西部和南部边界线的安全而努力。阿拉伯帝国兴起以后，伊比利亚半岛一直处于伊斯兰教的控制之下。正是因为那颗虔诚信仰上帝的心，公元778年，查理第一次派兵翻越了比利牛斯山，南征西班牙，进军摩尔人所建立的安达卢斯，并向盘踞在伊比利亚半岛的阿拉伯人发起了攻击。但这次进攻并未取得胜利，他们遭到了当地居民的奋力反击，法兰克军队最后只好撤退。就在这次战役中，查理的侄子，以骑士精神而著名的倡导者罗兰伯爵反对议和，遭到了国内主和派与敌人暗中勾结被杀害。等查理率大军重返战场的时候，发现罗兰伯爵和所有同伴全部英勇战死。后来，以这次战事为原型，民间的吟游诗人们创作了法兰西民族史诗《罗兰之歌》。这次出兵虽然以失败告终，但还是具有战略性的，查理在西班牙北部建立起一个名为“西班牙三月国”边境国。该国理所应当的成为了后来多次进攻阿拉伯人的前哨。直到公元8、9世纪之交的795年，查理才最终通过多次对伊比利亚半岛的起兵，占领了比利牛斯山以南、艾伯罗河以北的土地。在此期间，查理又向南将阿拉伯人的势力驱逐出地中海西部的撒丁岛、科西加岛以及巴利亚里克群岛。

由于查理发动了多次战争，并取得绝大多数战争的胜利，成功地使西欧大部分地区都归属于他的统一领导下，法兰克王国疆域达到了历史上的顶点：王国的南部边境从意大利中部一直延伸到伊比利亚半岛的艾伯罗河，西滨大西洋，向北到达了北海和波罗的海，东方的边疆包括了易北河流域以及波希米亚平原等地，包括了今天的法国大部分、瑞士、德国、奥地利、比利时、荷兰、以及意大利的一部分。虽然他的国家在名义上仍然称为“法兰克王国”，但事实上，查理治下的这片广袤的领土已经成为了一个包括多个民族和无数部族的大帝国，这是自从西罗马帝国灭亡以来，西欧大地上第一次出现的如此庞大和广阔的帝国。

查理并非一介武夫，他深知罗马帝国辉煌的主要原因正是和教会的合作。所以他在武力征服的同时，用基督教文明对被征服地区实施强力的文化侵略。因而在对外扩张的过程中，查理同样使用了世俗政权与天主教会结合的方式，这也是法兰克政权的重要特征之一。在扩张帝国的疆土的同时，查理也一直都在保持和加强与罗马教皇的密切的政治联盟关系。所到之处，他都会修筑道路、堡垒以及教堂，并以此来强化与天主教会的势力，以至后来有很多著名的城市都是在城堡和教堂的周围发展起来。除此之外，查理本人也以教会保护者的身份自居，极力维护并提高罗马教廷的权益，他重用主教和修道院长等神职人员，还给他们分封土地，甚至让他们拥有参与国家重要政策制定的权力。就这样，查理不但巩固了对外用兵的成果，而且也拓宽了基督教文明的范围，这反而夯实了法兰克王国统治的基础。

承袭帝号，梦回罗马

公元795年，教皇利奥三世通过阴谋手段爬上了罗马教皇的宝座，但立即遭到了罗马的一些大贵族的反对。不得已之下，利奥三世派出使者远赴亚琛，像法兰克国王查理求救，同时向查理呈上了罗马教廷彼得大殿的钥匙，以及罗马城的旗帜，以此表示对其的臣服和忠诚。受到如此礼遇的查理，当即表示支持，然后出兵罗马，保住了利奥三世教宗的地位。但是这位教宗在罗马城中却依旧不得人心。

公元799年的4月，利奥三世与当地贵族之间的矛盾进一步激化，由此引发了贵族们的大规模叛乱。利奥三世再次被废黜，且比上一次更加落魄，只身逃离罗马后再次向查理请求支援。于是一年之后，查理再次率兵攻进意大利，平定了贵族的叛乱，成功地救出了利奥三世，还亲自将其护送回罗马，公开扶其复位。大难不死的利奥三世当然对查理的这种及时雨般的救助感激涕零。因此，在这一年的圣诞节，也就是公元800年12月25日，知恩图报的利奥三世为查理进行了加冕。据文献资料记载：这一天，查理正在罗马圣彼得大教堂参加弥撒仪式，当他刚刚在神坛前面跪下做祷告时，教皇利奥三世突然出其不意地把一顶象征罗马皇冠的金冕戴到了他的头上。然后教皇高声宣布道："上帝为查理皇帝加冕！祝贺这位伟大的、为世界赢来和平的罗马人的皇帝，万寿无疆、所向无敌。"接着，早已准备好的罗马的贵族们开始高声吟诵那段已经多年来未曾被读过的赞美诗："奥古斯都·查理！奉上帝之命承袭天运，戴上金冠！天佑我罗马人的皇帝，赐予他和平与胜利！"教堂里面顿时欢声雷动，热烈庆祝查理成为古罗马帝国的继承人和基督教世界的保护者……经过了教皇的加冕仪式以后，查理便从一个"蛮族"王国的国王，摇身变成了"罗马人的皇帝"。他上承古罗马恺撒大帝、奥古斯都、君士坦丁等的帝统，成为了第一个神圣罗马帝国皇帝，尊号曰"查理曼"——"曼"就是"大帝"的意思。“法兰克王国”由此变成了“查理曼帝国”，开启了著名的“神圣罗马帝国”的历史。

加冕仪式标志着查理统治的高峰，也是他一生中最辉煌的时刻。儿时恢复古罗马帝国荣耀的梦想刹那间变成了现实，一个强大的查理曼帝国从此在欧洲大地上出现了。另一方面，此时以拜占庭为首都的东罗马帝国依然存在，而查理虽号称“罗马人的皇帝”，但查理曼帝国并非罗马帝国的复辟。相比之下这两个帝国的统治范围大不相同。即使在鼎盛时期，查理曼帝国的面积也只有西罗马帝国的一半。虽然两个帝国都曾经先后统治过今天的比利时、法国、瑞士以及意大利北部，但是组成西罗马帝国边境极限的不列颠、西班牙、意大利南部以及北非等地均不属于查理曼帝国的控制之内。同时，构成查理曼帝国，甚至日后的神圣罗马帝国主体的德意志地区，却从未被罗马人统治过。就族属而言查理本人是货真价实的法兰克人，无论是血统、外貌，还是教养都与罗马人大相径庭。查理曼大帝终其一生的大部分时间都居住在德意志地区。一生中他仅仅只有 4 次踏足罗马城。他钦定的帝都是今天德国境内的亚琛。所以说，这个具有罗马之名的帝国仅是古罗马精神和帝国辉煌的延续，是查理对那个曾经的盛世的致敬和向往。

查理曼大帝的加冕标志着西欧文明掀开了新的一页，这片土地不再是罗马历史的从属和拜占庭的附庸。公元 812 年，查理曼帝国与拜占庭帝国在亚琛签订条约，从此划定了各自的势力范围。拜占庭皇帝米契尔一世的特使在接到亚琛条约文件的时候，以极高的热情称查理为“皇帝”——这是自 500 年前西罗马帝国灭亡以来，拜占庭第一次承认了另外一个皇帝的存在。

帝星陨落，帝国难继

正如查理降生得平淡无奇一样，马背上轰轰烈烈一生的老皇帝在死的时候也并没有丝毫慷慨悲壮的元素。公元 814 年初，那个冬天的天气极为寒冷，超乎往年，但是嗜好狩猎的查理曼大帝却依然坚持外出。正是在这次狩猎活动中，他不幸感染了风寒，而更为不幸的是从此卧床不起。几天以后，也是这一年的 1 月 28 日，查理曼大帝在首都亚琛的宫中驾崩，享年 72 岁。令他意想不到的是，他所建立起来的庞大的帝国在他死后仅仅维持了不到 30 年便一分为三，这似乎也正印证了那句古话：其兴也勃焉，其亡也忽焉。然而帝国的这种迅速瓦解也并非是没有原因的。

查理曼大帝戎马一生，生前统一了西欧的广大的土地。虽政治军事上是机智敏锐和洞察秋毫，也不能阻止“智者千虑，必有一失”的疏漏。比如在王位继承人的问题上，就犯下了考虑不周的严重的错误。虽然他是历史上最杰出的帝王之一，却也仍然固执地认为世界上最明智的方法就是按照法兰克的传统，在自己撒手人寰以后将帝国均分给三个儿子。他似乎认为这样做就是能够避免发生战争的一剂灵丹妙药。

查理的三个儿子分别是查理、丕平和路易。原本三个儿子都有自己的统治区域，查理掌管着纽斯特里亚，丕平的封地是意大利，但是这两个年龄稍长的儿子比查理曼大帝本人死得更早。早在查理曼大帝驾崩的前四年，也就是公元 810 年，因曾经阴谋弑父自立而被贬入修道院的次子——意大利国王丕平就去世了。一年后，纽斯特里亚的国王查理相继去世。所以在公元 814 年查理仅存小儿子路易便顺理成章地接管了整个帝国。但这位有着“虔诚者”之称的路易在确定继承者的问题上还不如他的父亲果断，他似乎完全忘记了墨洛温王朝和加洛林王朝诸多兄弟骨肉相残的历史，也希望将帝国均分给三个儿子。公元 843 年，经过多方博弈及武力斗争后，“虔诚者路易”的三个儿子终于找到了一个看似是最稳妥的办法，他们心平气和地坐下来签署了凡尔登条约。根据这项条约，法兰克帝国就此被一分为三。长兄罗退尔继承了父亲和祖父的帝号，管辖着北起北海，南抵意大利中部的一个长条地带，称意大利王国，这片土地后来便成了今天意大利基础；谢尔德和缪司河以西地区的部分称“西法兰克王国”，由“秃头查理”统治——也就是日后的法兰西；而莱茵河以东的广大地区被划归到“日耳曼人路易”之手，称“东法兰克王国”，日后的德意志便脱胎于此。曾经横扫西欧，不可一世查理曼帝国从此之后再也未能统一过。关于查理曼帝国的分崩，表面看来是法兰克人的诸子平分领土制和对诸侯分封采邑而加剧的，但是就深层原因而言却有更为深刻的必然性。查理曼大帝虽然凭借武力和个人魅力建立起来一个强大的国家，但是就如同亚历山大的马其顿帝国一样，这个地域广阔的国家实际上并没有相应的社会、政治和经济等方面均衡发展作为支撑，因此无法长久维持是必然的。

【人物评价】

查理曼大帝是一位有很大作为的君主，他希望人们把自己视作罗马帝国精神的继承者。他这一生几乎都是在对外征战中度过，可谓武功显赫。他毁灭了伦巴第和阿瓦尔两个国家，征服了萨克森人，尽管在他发动的战争中有许多人丧生了，但其历史意义十分重要，他为黑暗的中世纪开启了一束理性的光芒。

能在马上“定天下”的人并非能很好地“治天下”。这一观点在世界历史中已经有了太多的先例。查理曼大帝却正是在这一点上让世人领略了一位伟大帝王的胆识和抱负。

他为了巩固帝国的荣誉和稳定，十分推崇古罗马的制度和艺术，因此他效仿古罗马制定了非常详尽的法律、法规，进一步完善了帝国的官僚机构。除此之外，他大力发展文化教育事业。在位期间，查理曼大帝兴办学校，重金聘请知名学者来讲学。同时尽力搜集古代文献，组织官员抄写古代留下的拉丁文和希腊文的手稿，创立了被后人称为“加洛林小草书体”的清秀、优美的拉丁字母。这种书体经过稍加修改之后一直使用至今。他在全国设立修道院的同时，也修建了大量的图书馆，用来收藏的古希腊、罗马作家以及当时著名作家的作品可谓汗牛充栋。在帝国建设方面，查理曼大帝邀请了欧洲最好的建筑师、雕刻家和画家，设计建造了大量优美的建筑。这种文化教育政策对于恢复古典文明和提高日耳曼人的文化水平起到了积极的作用，这一时期，西欧的文化有了长足的发展，这种成就被后世誉为“加洛林文艺复兴”。

道德方面，查理曼大帝同样值得称道。中世纪的西欧国王个个昏庸残暴，查理曼大帝算是其中的一个“异类”。他为人性格豪爽，生活简朴，各方面都会身体力行为下属做出表率。因为没有固定的首都，所以同样贵为皇帝，但却没有像拜占庭帝国那样雍容华贵的宫殿。

查理的身体非常强壮，擅长打猎和游泳，每次进攻也都能身先士卒。另一方面，查理曼大帝是个非常虔诚的基督徒，他要求自己的臣民必须和他一样虔诚。从另一个角度也可以理解为，他是一个怀有理想主义思想的帝王。他认为让异教徒改信上帝是他不可推卸的责任和使命，希望可以通过一己之力将他的王国改造成一个人人信仰上帝的人间天国。

【知识链接】

关于查理曼大帝的有趣的故事

查理曼的“谦让”是出了名的。在一次重要的节日活动中，他“出其不意”地被教皇把王冠戴在了自己头上，于是他装作很不高兴的样子，意思是说教皇将他陷于不义之地了。其实他后来对此事还是很清楚的，而且这个“不义”的帝位还被传给了自己的儿孙。直到他的三个孙子手里，帝国被分成了三部分，于是这便成为了打打闹闹1000多年的德意志、法兰西和意大利三个国家的雏形。据说现在英国的议会，新当选首相后也要像查理曼大帝当年一样，说一些表示自己“当之有愧”，“能力有限”之类的谦虚的话，当然最后还是“勉为其难”地就任了，任期到了每个人都还想连任。

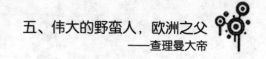

查理曼还非常孝顺父母，唯一忤逆父母的事情就是把母亲给他娶来的媳妇给休了，之后自己又找了一大堆妻妾。以此看来，说他孝顺是后来史者的“为尊者讳”了，和我们中国儒家思想教育出来的史家差不多。他成群的妻妾为他所生的儿女们很得他的宠爱，据说每次出征都要带着。他对女儿的疼爱更甚，以致他的女儿们都不能出嫁！

查理曼国王在年老之时爱上一位年轻貌美的日耳曼姑娘。于是他整日沉迷美色，荒废国事，罔顾一国之尊的威严，这使得文武百官莫不忧心忡忡。不料红颜薄命，美少女暴毙，这倒是使文武百官松了口气。正在大家为此松了口气时，查理曼国王因为对她的爱并未消逝而下令将尸体用香料做防腐处理，并摆在他的寝宫内与她日夜相守。国王此种与尸厮守的深情作为令杜宾主教不寒而栗，怀疑是魔咒作祟，产生了探勘尸体的念头。结果他在死尸舌头下方发现一只镶嵌精美宝石的戒指，戒指随即落入杜宾主教手中。查理曼国王此后遣人迅速埋葬尸体，而款款深情立刻转移到主教身上。主教为避免这尴尬的窘状，便将戒指扔到康斯坦茨湖中。从此查理曼国王醉心悠游湖畔，生生世世不愿远离。

六、来自大陆的征服者
——威廉一世

伟人语录

愿你们的荣耀之光，犹如闪电照亮四方！愿你们的进攻呐喊，犹如雷鸣东西回荡！

——威廉一世

人物简介

征服者威廉（1028—1087），又称英格兰的威廉一世或诺曼底的威廉二世，是英格兰的第一位诺曼人，法国诺曼底公爵，英格兰第一位诺曼人国王。威廉8岁时继承父亲的公爵位，15岁时被封骑士，开始在领地执政。1063年征服曼恩，1066年威廉在威斯敏斯特大教堂加冕为英格兰国王。威廉于1072年入侵苏格兰，1081年入侵威尔士，并在边境设立特殊的居民地。

私生子威廉的不幸童年

大约 1028 年，威廉生于法国诺曼底法莱斯的法莱斯城堡。威廉是诺曼底公爵罗贝尔一世唯一的儿子，同时也是英格兰王后诺曼底艾玛（艾玛曾先后是埃塞烈德国王和卡纽特大王的妻子）的侄孙。他是他的父亲，绰号为“魔鬼”的罗贝尔和被他拐来的农家姑娘阿莱特生下的儿子，但却是唯一的儿子。尽管是私生子，他的父亲仍指定他为诺曼底的继承人。他的母亲阿莱特后来别嫁，并生了两个儿子。

威廉的早期生涯受到了他私生子身份的影响。儿童时期，他的生命就常受到来自亲属的威胁，他们认为自己拥有更合法的统治权。曾经威廉在沃德勒夷的城堡要塞睡觉时，就有人来刺杀他，当时刺客错误地刺中了睡

征服者威廉的出生地，法国卡尔瓦多斯省法莱斯的法莱斯城堡

在威廉旁边的孩子。当他的父亲去世后，他继承人的身份才得到承认。他的私生子身份使他经历了比其他人更多的嘲讽、歧视和挑战，他的三个监护人和老师先后被人杀害。据说在威廉以后的生涯中，他的敌人就称呼他为“私生子威廉”，并嘲笑他是制革匠的后代。

英勇一生的开始，成为诺曼底公爵

威廉按照他父亲的遗嘱，在 1035 年 7 月即位成为诺曼底公爵，并且得到了法国国王亨利一世的支持。15 岁时，被亨利封为骑士。之后的几年里，他成功地处理了贵族叛乱和入侵的威胁，威廉在卡昂于瓦尔斯沙丘战役中击败了叛乱的诺曼贵族，得到了受罗马天主教会支持的“神圣休战”，最终巩固了诺曼底的统治。

1053 年，威廉在诺曼底厄镇的圣母小教堂娶了他的远方表亲玛蒂尔达为妻。当时威廉约 24 岁，玛蒂尔达 22 岁。由于威廉的贵族联姻，诺曼底力量的加强，使法国国王亨利一世感到威胁，他两次（1054 和 1057）试图入侵诺曼底，都没有成功。威廉已渐渐成长为一个有魅力的领袖，并在诺曼底内部得到了强大的支持。1060 年，亨利一世的去世，更使威廉受益。1062 年威廉入侵并获得了曾是安茹封地的曼恩伯爵领地的控制权。

影响深远的诺曼征服

1066 年，英格兰国王忏悔者爱德华逝世，因为膝下无子王位继承成了问题。诺曼底公爵威廉与哈罗德皆声称有王位继承权。哈罗德是忏悔者爱德华的王后之兄。最后，诺曼底的威廉公爵成为了英格兰的合法国王，据说是爱德华选中他为继承人。事实上，1064 年，哈罗德在诺曼底沿海被击沉成为威廉的阶下囚之后，他本人迫于威廉坐上了英格兰的王位。然而，一旦回到英格兰，哈罗德并无为威廉铺路之意，致使威廉不得不动用一支庞大的军队入侵英格兰，用武力夺取哈罗德头上的皇冠。

哈罗德自从回到英格兰后清楚威廉正在筹划一次进攻。他把军队驻扎在英国南一线，对敌船的动向保持严密的警戒。出乎意料的是，直到1066年9月，一直没有发现诺曼人的入侵船队，于是哈罗德便把军队撤退到英吉利海峡的另一边。诺曼人的船队已经整装待发，威廉在耐心地等待着发动进攻时机，可谓万事俱备，只欠东风。直到挪威人哈拉尔德·哈德拉达在英格兰北部登陆进攻，使得哈罗德迅速挥师北上，并使其惨败。威廉就在此时发动了对哈罗德的攻击。

9月28日，威廉在英格兰南部海岸登陆，并建立据点。他命令部队洗劫当地的食物并刺激哈罗德开战。10月13日，威廉得知哈罗德率领部队到达这一地区。从伦敦到黑斯廷斯有55英米，而这些盎格台－撒克逊人仅仅花748小时就能赶到，考虑到当时英国糟糕的路况（只不过是一条条泥泞的小路），部队长途跋涉的疲惫，这是场何等艰苦的行军。

翌日，双方在黑斯廷斯遭遇作战。哈罗德的军队占据了黑斯廷斯附近的森莱克山丘这一有利位置，和诺曼人大开杀戒。战斗持续了7个小时，难分胜负，直到哈罗德被杀，胶着状态才最终被打破。诺曼人乘势掩杀，一举歼灭了哈罗德的疲惫之师。战斗结束后，诺曼人继续向多佛尔挺进。

诺曼人在向首都伦敦进军的时候受到了哈罗德军队的顽强抵抗。为了使他们改变主意，威廉再一次命令他的部队恐吓和袭击当地的居民。最后，伦敦不得不向入侵害者打开了大门。

1066年圣诞节，诺曼底的威廉加冕成为英格兰的国王，即威廉一世。在随后的几年中，威廉统治着他的新领地。他奉行“铁血”政策，扑灭了反叛的星星之火。他还建立了许多城堡，以此使他的贵族们利用这些城堡残暴的控制着附近的乡村地区。

直到1072年，诺曼人真正完成了对英格兰的征服。诺曼人开始扩展他们新王国的版图，入侵了威尔士，并在爱尔兰的一些地区定居下来。

黑斯廷斯战役

黑斯廷斯战役是哈罗德国王的盎格鲁-撒克逊军队和诺曼底公爵威廉一世的军队于1066年10月14日，在黑斯廷斯地域进行的一场交战。

威廉率约1.2万人的军队于9月28日在英格兰南岸顺利登陆，安营扎寨。哈罗德的军队数量上和威廉一世的军队相近，但装备较差，并且全部为步兵。其士兵包括正规兵、专业战士包括皇家卫队，还有一些临时征集的农民士兵。他们主要武器有剑、枪和威力强大的丹麦斧，防具有锁甲和圆盾，前锋是一排用盾牌结成的盾墙，前锋之后是正规军，最后是农民。整个军队沿山脊布阵（阵亡士兵倒下之后，后面的士兵可填补空缺），可是由于英军与挪威人刚打完斯坦福德桥之战，实际上已经无力再进行战斗。

威廉公爵将他的军队在英军阵前展开，军团包括了威廉自己的诺曼军团，法国与佛兰德军团和盟军布列塔尼军团，甚至还有来自意大利的诺曼海盗。诺曼贵族们提供了物资，支持威廉对英格兰的入侵，并以换取自己在英格兰的领地和头衔。普通士兵的军饷以现金和战利品支付，还包括得到英国封地的希望。

哈罗德率军摆成方阵并在正面埋设了尖桩栅栏，而且丘岗后面斜坡陡峭，对方难以进攻。威廉则采取军队三线配置：弩手、步兵和骑兵的方式进行战斗。诺曼军团在中心，布列塔尼军团在左翼，法国-佛兰德军团在右翼。每个军团包括了步兵，骑兵和弓兵，并有弩兵。战斗开始时弓兵和弩兵站在战阵的最前列。

诺曼弓兵和弩兵的齐射打响了这场战斗。但是由于诺曼弓威力不强，诺曼弩兵也未装备绞盘装置，所以无法穿透英军的盾牌，并且大部分弓箭飞到了英军后方的地上。此轮弓箭攻击未对英军阵线造成任何伤亡或影响。诺曼军通常依靠拣敌人射来的箭以维持攻击，但是英军由于匆忙行军，并未带弓兵迎战。后来诺曼步兵和骑兵进行了冲锋，由威廉和威廉的两个兄弟巴约的厄德和罗贝尔带领。在前锋线上，步兵和骑兵与防守的英军正面交锋了，但是由于英军使用威力强大的丹麦长斧，这一轮攻击只留下了一堆被砍倒的战马和尸体。英军的盾墙仍然坚不可摧，英军士兵开始高喊“神圣的十字”和“滚出去，滚出去”。然后，左翼的布列塔尼军团与英军盾墙接触。由于对英军威力强大的防守没有经验和没有准备，布里多尼士兵迅速溃退。英军的右翼，可能是在英王哈乐德的兄弟的带领下，冲出了阵型，下山进行追击。但是在平地上，没有盾墙的保护的情况下，此部分英军迅速被诺曼骑兵冲垮并屠杀。

威廉注意到了英军士兵喜欢追击败兵的心理，开始命令诺曼骑兵重复使用“诈败”战术。每次英军都会有一部分士兵追击看起来正在溃败的敌人，但每次都被诺曼骑兵回头歼灭。终于，诺曼军停止了攻击并重新集结，开始正面全力攻击英军盾墙，每次攻击都让盾墙弱了一分。

在这一天快结束时，英军的防线已经几乎要崩溃了。诺曼军队的步兵和骑兵的多次冲锋已经令英军防线极其薄弱，现在英军的防线已经是战斗力较低的农民军。但威廉开始担心，如果夜晚来临，那么他自己同样疲惫的军团必须休整，也许必须回到船上，那时他们将成为英国海军的猎物。为此诺曼军准备进行孤注一掷的最终冲锋，威廉命令其弓兵和弩兵再次站到了前列，这次弓兵调整了射击角度，大部分弓箭落到了后方农民军的头顶，造成了大量的伤亡。正当诺曼步兵和骑兵接近时，英王哈罗德被弓箭射中，受到了致命伤，最后阵亡。

英格兰统治时期

12 月 25 日，威廉在威斯敏斯特教堂加冕为英格兰国王，诺曼王朝开始。

威廉一世即位后，将英国的 1/5 土地作为自己的领地，为了镇压国内盎格鲁 - 撒克逊人的叛乱，将手下的骑士封为男爵，分别派驻各地镇守，并在全国修建了很多城堡。著名的伦敦塔和温莎城堡都是在那个时期修建的。

威廉一世改变了英国历史的走向，不论是宗教、商业或文化，都由以往的那维亚的风俗变成了欧洲相继承的局面。他引入了法语和法国的生活习惯，对英国的语言和风俗产生了重要的影响。

威廉一世还引入了欧洲的封建制度，改变了以往以农业为主的社会模式。农夫的地位降为农奴阶级，骑士则取代了家奴的地位。为了掌握全国的人口和土地分配情况，威廉一世在 1085 年和 1086 年派人调查整个英格兰地区贵族和自耕农土地的实际情况及经济力量，颁布了被称为《末日审判书》的土地帐簿。根据《末日审判书》的调查结果，在英格兰大约 150 万人口中，90% 以上是农民。

威廉一世于 1087 年 7 月在镇压长子罗贝尔二世在诺曼底地区发动的反叛时，在芒特落马受伤，两个月后在鲁昂的修道院去世。去世时，他的第三个儿子威廉陪在他身旁。他最终被埋葬在诺曼底卡昂的圣埃蒂安修道院，结束了他的一生。

【人物评价】

英国国王“征服者”威廉一生只做了一件大事，这件事即后来所称的诺曼征服。这次征服对英国，乃至世界的历史进程都产生了重要影响。

征服者威廉为人残忍、严厉，而且精力旺盛。他的私生子身份和诺曼底传统使他的性格及他对历史的影响起了不容忽视的作用。威廉是他的父亲，绰号为“魔鬼”的罗伯特和被他拐来的农家姑娘阿莱特生下的儿子，但却是唯一的儿子。罗伯特费劲说服了诺曼底贵族后才确立了威廉的继承权。1035 年，8 岁的威廉继位，他的私生子身份使他经历了比其他人更多的嘲讽、歧视和挑战，也使他的三个监护人和老师先后被人杀害。这就铸就了日后威廉冷酷、多疑的性格。

另一方面诺曼底公国是法国国王在无奈之下封给入侵的诺曼人的产物，于 841 年建立。公国实行集权统治，有一支相对固定的军事力量，和相对固定的财政收入，还有着诺曼人固有的尚武和善于航海的传统。这些因素，帮助了威廉的征服，并影响了他日后在英国建立的一系列制度。

威廉的征服，使英国自罗马帝国时代以来再次被卷入了欧洲中心地区的复杂关系中，由于英王在法国拥有领地，英法两国王室成为一对剪不断理还乱的冤家，此后数百年中两国的交流和碰撞成了西欧政治生活的主题之一。

这次征服改变了英格兰的历史进程，甚至连英语都发生了改变，大量新的词汇加入到英语中。他将许多新事物带入了这个孤岛，后来英国法律自成体系，就是以此发端的。

【资料链接】

威廉一世的演讲

激励将士的斗志也是战争中的重要一环。在黑斯廷斯战役前，威廉做了一次满怀激情的演讲，激励鼓舞了士兵的斗志，为其在战斗中的英勇表现起到了重大作用。

高举战旗，勇往直前

诺曼底人啊！你们是所有民族中最勇敢的人！我从不怀疑你们的勇气，也不质疑你们必将取得胜利。任何障碍或意外，都无法阻止你们努力赢得胜利。即使你们确实有一次——仅有一次——未能取胜，或许现在需要我来激励你们，但你们的勇气是与生俱来，无需靠人激励鼓动。你们是最勇敢的人啊！是我国的缔造者，我们的先王罗伦，率领前辈们在法国的心脏巴黎战胜了法兰克王！法兰克王不得不恭顺地献出了女儿和地盘，才得以苟且活着吗？这块土地后来就以你们的民族命名，称为诺曼底公国。

你们的前辈在鲁昂俘获了法兰克王，并把他囚禁在地牢里，直到他将诺曼底公国归还给当时还年幼的理查公爵，双方还协定，今后，法兰克王和诺曼底公爵举行任何会议时，公爵必须佩剑，而法兰克王却不得佩剑，哪怕是一把小匕首。高贵的法王也得对你们的前辈表示让步，而这一协定就有了永久的约束力。后来，正是这位公爵率领你们的前辈到达阿尔卑斯山下的莫门第，迫使该城的勋爵即他的子婿，听命于自己的妻子即公爵的女儿！你们征服了凡人，公爵却战胜了魔鬼。他同魔鬼搏斗并把魔鬼打翻在地，反缚其双手，让它在众天使面前受辱。但是，我何必要追述往事呢？在我们的时代，你们不是同法兰克人在摩梯梅打过仗了吗？法兰克人不是在战斗中仓惶溃逃吗？你们不是满载着荣誉和战利品凯旋而归，并杀死了法兰克人的主帅拉尔矢了吗？

啊！我们的祖先诺曼人和丹麦人曾上百次地击败过英国人。如果任何一个英国人能站出来证明，罗伦的民族自立国以来有过败绩，我就认输撤退。我的勇士们啊！一个对军事一无所知、屡战屡败、连弓箭都没有的民族竟在你们面前抛头露面，这难道不叫人羞愧吗？那些残杀我的亲族和你们的同胞艾尔弗雷斯的人竟然还活着，这岂不是不令人诧异吗？我的勇士们，高举你们手中的战旗，勇往直前吧！为我高贵的死伤的战士们复仇吧！愿你们的荣耀之光，犹如闪电照亮四方！愿你们的进攻呐喊，犹如雷鸣响彻天际！

七、慷慨的骑士——萨拉丁

伟人语录

耶路撒冷一文不值，但又是无价之宝。

——萨拉丁

人物简介

1171年推翻法蒂玛王朝的萨拉丁·尤素夫·阿尤布（1138—1193），自立为苏丹，是埃及阿尤布王朝的开国君主。他开办学堂，盛情款待伊斯兰教的阿訇和学者，兴修水利，鼓励贸易，建造开罗城堡和部分城墙。

萨拉丁雕像

他在抗击十字军东征展现出卓越的具有骑士作风的领导才能和军事才能，从而闻名穆斯林世界，埃及历史上他被称为民族英雄。他夺取耶路撒冷，使穆斯林和基督徒在这里的争夺发生了转折性的变化，对历史进程产生了重要的影响。此外，他带领埃及重新回到伊斯兰教的大家庭之中，并夺取了叙利亚等地，使埃及和广大的西亚地区重新回到他统治之下。他为人十分慷慨，作风清廉，品格刚正，广受赞誉。

慷慨骑士的壮阔人生

萨拉丁其父是艾尤卜是库尔德人。他的父亲早年受封，从第比利斯举家迁到今伊拉克北部的提克里特，成为了当地的统治者。他的儿子1138年在提克里特诞生，并为儿子取了“萨拉丁”的名字。恰逢此时艾尤卜被革职，不得不投奔赞吉王朝。萨拉丁8岁之前的时光是和父亲在大马士革度过的，童年时的漂泊生活迫使萨拉丁不得不变得少年老成。

此时的赞吉王朝牢牢地控制着叙利亚和伊拉克北部，它最主要的敌人是以埃及为中心、奉什叶派为国教的法蒂玛王朝和控制着巴勒斯坦沿海地区的基督教十字军。

年轻气盛的萨拉丁决定在埃及进行十字军圣战，以此让逊尼派重新的统治埃及。26岁时，他受赞吉王朝苏丹的派遣，跟随自己的叔父施尔科出征埃及。虽然这3年的时光让萨拉丁尝到了失败的滋味，但这也是他在战场上的初次锻炼。

1168年，十字军耶路撒冷国王阿马利克率兵进攻埃及。埃及请求赞吉王朝派萨拉丁叔侄和施尔科驰援。获胜的施尔科于1169年1月，被法蒂玛王朝哈里发阿迪德任命为宰相。不幸的是两个月后施尔科突然死于非命，由他率领的叙利亚人军队陷入内讧，继而阿迪德只得选择萨拉丁继任宰相。

萨拉丁在1171年稳定了自己的政治立场，此时他也开始策划取代埃及什叶派的统治地。他任命逊尼派法官代替什叶派的法官，并清除埃及本地的将领。9 月 10 日，他在开罗的清真寺里开始以阿拉伯帝国第二王朝哈里发阿拔斯的名义讲道。第二天，他在开罗举行了盛大的阅兵，检阅了 147 个方阵。据史书记载："看过阅兵的人们都会认为，没有任何一任伊斯兰的统治者拥有过能够与之相抗衡的军队。"

9 月 13 日，法蒂玛王朝的末代哈里发阿迪德病逝，法蒂玛王朝就此终结。此时的萨拉丁处于附庸于赞吉王朝的地位。

1174 年春，他的宗主派人到埃及查账、收税。萨拉丁向使节出示了整个军政机构的详细账目，表示维持这样一个机构需要大量的金钱，因此无法向努尔丁缴纳贡赋。萨拉丁的这一举动使得努尔丁十分恼怒，并准备对其发起进攻时，却突发急病去世。此后，萨拉丁取而代之，取代了他的宗主，成为抵抗十字军的新领袖。

进军叙利亚之瞳，险成刺客刀下亡魂

萨拉丁在赞吉王朝处于分裂之中的时候开始向叙利亚和伊拉克扩展势力，而此时继承努尔丁的是他年仅 11 岁的儿子萨利赫。叙利亚地区的众多将领邀请萨拉丁赴叙利亚主政。10 月，萨拉丁由埃及辗转到了位于大马士革南方的要塞——布斯拉。

沙姆斯丁是布斯拉地方长官，他看到萨拉丁的军队后觉得他带的人太少，对萨拉丁说："只要大马士革的驻军抵抗你 1 个小时，周围的村民们就能把你干掉。还有个方法，如果你带着钱，那么事情就简单了。"萨拉丁的随从机敏的回答道："我们带了 5 万第纳尔。"于是，萨拉丁为了招降大马士革的守军而花费了大量的钱财。据他手下的大臣法蒂乐说，他花了埃及所有的钱用于征服叙利亚。10 月 28 日，萨拉丁兵不血刃进入大马士革，途中大批的大马士革守军被他收买，出城加入了他的军队。此后，萨拉丁继续北上，又占领了霍姆斯和哈马两座城池，在 12 月的 30 日当天，抵达了阿勒颇城下，萨利赫就在城里等待着萨拉丁。

出乎意料的是，萨利赫出钱聘请了负有盛名的杀手集团——阿萨辛来暗杀萨拉丁。一天晚上，13 名阿萨欣派杀手突然出现在军营中，这时萨拉丁正在和诸将进餐。众将奋力保护萨拉丁，击退了刺客。

这次的遇刺经历使他刻骨铭心，而过了一年，当萨拉丁渐渐忘记的时候，却又一次遭到阿萨欣派的袭击。萨拉丁的脸颊被一名杀手刺中，但随即被萨拉丁的部将劈死。另外几名杀手也被杀死。萨拉丁的脸上不断地流着血，铠甲上也被开了好几个洞，他慢慢地走回了自己的帐篷，万幸的是，他又躲过一劫。

萨利赫 1181 年死于疾病，萨拉丁加紧围攻。1183 年，萨拉丁与守城的将领谈判，提出用 5 座城市交换阿勒颇。6 月 11 日的夜晚，阿勒颇打开了城门，萨拉丁遵守约定让守军带走了所有的财宝，自己则表示只要阿勒颇的石头。他将阿勒颇视为“大地的钥匙”。在给弟弟图格特勤的信中，他说：“阿勒颇是叙利亚的眼睛，阿勒颇城堡则是她的瞳孔。”事后，他讥讽放弃抵抗的赞吉说：“用一枚银币换到了他手中的一枚金币。”八年半之后，萨拉丁取得了阿勒波的控制权。

海廷大败十字军，耶路撒冷的回归

萨拉丁占领了阿勒颇之后，就集中了所有的精力来对付巴勒斯坦地区的十字军。他预料到，位于巴勒斯坦的十字军终会被埃及和叙利亚这两个大“磨盘”磨得粉碎。

1187 年，萨拉丁集结所有的力量直取耶路撒冷。萨拉丁在 7 月 3 日，通过太巴列湖西岸附近的海廷将十字军包围起来。十字军没有想到的是营地周围的灌木丛被阿拉伯军队点燃，浓烟中的十字军们被熏得喘不过气来，几乎呛死过去。另一方面，十字军正处在极度干渴的情况下战斗。虽然身旁咫尺就是太巴列湖清甜的湖水，但是他们怎么也无法冲破阿拉伯渔网般的包围圈。就这样，在盛夏的酷热中，被围困的十字军士兵大部分死于饥渴和酷热。十字军将领雷蒙于4日清晨率领骑士发起冲锋。聪明的萨拉丁避其锋芒，攻其不意，命令军队留出一条缝隙，让他们逃走，然后合围了所有的十字军。耶路撒冷的十字军在这次战斗中几乎被全歼。十字军统帅居伊·吕西尼安被俘，他们还打碎了十字军鼓舞士气的“真十字架”。过后，得胜的萨拉丁与被俘的十字军统帅在居伊达成十字军不会再与他们对抗的协议后便将其释放。

耶路撒冷的国王在萨拉丁13天的激战下再也无计可施，终于宣布投降。萨拉丁为了纪念先知穆罕默德在耶路撒冷登霄，选在1187年9月2日，登霄节这一天进入耶路撒冷。此战的兵不血刃与88年前的十字军的烧杀抢掠形成了强烈的对比。没有烧一栋房子，没有杀一个人的萨拉丁进入了耶路撒冷。

萨拉丁规定投降的协定。协定中规定：耶路撒冷的每一个男人要缴纳10第纳尔，女人要缴纳5第纳尔，儿童要1第纳尔，无力缴纳的人则成为奴隶。然而，萨拉丁却免去了7000穷人的赎金。受萨拉丁的影响，他的弟弟向自己要了1000名奴隶，随即学着哥哥的样子将他们全部释放。耶路撒冷主教也随即效仿，向他要了700名奴隶然后释放。最后，萨拉丁下令宣布释放每一名战俘，而不需要任何赎金。

十字军统治期间，阿克萨清真寺是圣殿骑士团的总部，磐石清真寺成了十字军的教堂。萨拉丁将它们恢复为清真寺，同时拆除了磐石清真寺金顶上的十字架，宣礼的声音再次回荡在阿克萨清真寺的上空。

耶路撒冷落到了萨拉丁的手里，但他并没有将十字军时期的大教堂拆除，相反，他将耶路撒冷的圣地向所有宗教开放。

签订合约，和平共处

耶路撒冷被萨拉丁占领的消息震动了欧洲。教皇乌尔班三世闻讯后惊讶得连心脏都停止了跳动。继任教皇格利高里八世高声呼吁一定要采取相应行动阻止萨拉丁。十字军的热情也因为耶路撒冷被占领而激发起来，英格兰国王“狮心王”理查、法兰西国王菲利普、神圣罗马帝国皇帝“红胡子”腓特烈一世、以及被萨拉丁释放后违背诺言的居伊，发动了第三次十字军东征。而阿卡则是这次十字军主攻的目标。

1191年6月，理查抵达阿卡，对阿卡进行了两年的围攻。十字军建造了3座巨大的移动攻城塔，用抛石机攻城，从贝鲁特赶来的穆斯林支援舰队无情地被理查的大帆船击沉。7月12日，阿卡守军弹尽粮绝不得不投降。理查要求俘虏交出20万金币的赎金，由于俘虏交不出20万金币的赎金，理查命令将2700名战俘全部斩首，所有战俘无一幸免。然而想要再向耶路撒冷进军却难上加难，理查曾经发誓在征服耶路撒冷之前绝不看它一眼。据说，有一次他偶然在山丘上不小心看到了圣城的城墙，只好赶忙用盾牌遮住脸，以免背誓。1192年，双方雅法大战，不分胜负。经过激烈的战斗，双方主帅都病倒了。萨拉丁此时还不忘记嘱咐自己的亲信给理查送去水果和医生以示慰藉。

理查被萨拉丁的骑士风度所折服，在这次战斗后双方签订和约：基督教徒占有海岸，穆斯林占有巴勒斯坦内地，耶路撒冷向觐见的基督教徒开放。随后，理查回国。

1192年9月2日，萨拉丁与十字军统帅会面并同意了为期3年的停战协定：穆斯林继续拥有耶路撒冷，十字军享有叙利亚海岸线，但是基督徒有权利自由出入圣地。

1193年2月底，萨拉丁对大马士革的气候的大意导致自己染上了风寒。他神志不清，精神恍惚，偶尔清醒一会儿。恐惧此时在大马士革传播开来，大家人心惶惶。人们都盯着萨拉丁的亲信大臣法迪勒，通过他的脸色来判断萨拉丁的病情。3月3日深夜，在萨拉丁病情迅速恶化时，法迪勒却不能整晚照看着他，心中滋味可想而知。因为如果他没有像往常那样晚上从萨拉丁的城堡回家，大马士革立刻就会陷入混乱之中。第二天清晨，一位宗教学者在萨拉丁的床前诵读《古兰经》，当念到“他是我的主，除他之外，没有谁能够受此一拜。我只信托他”时，萨拉丁脸上露出平静的微笑，与世长辞。

萨拉丁为人十分慷慨，从不吝惜钱财。他去世的时候，只留下1枚金币和47枚银币和一个埃及阿尤布王朝。和他交过手的敌人们却发现，慷慨是他最厉害的一种武器。提尔的威廉说：“萨拉丁睿智、勇敢、更重要的是他慷慨无比。正是因为这样，我们这些有远见的贵族们都愿意追随他的脚步。要想赢得下属的忠诚，没有什么比慷慨的赏赐更有效的手段了。”

萨拉丁的这一生，非常明白财富的真谛。他用埃及的财富征服了大马士革，用大马士革的财富征服了阿勒颇，用阿勒颇的财富征服了耶路撒冷，他用了所有征服得来财富慷慨的赏赐给了他的敌人们。

萨拉丁不仅是伊斯兰的英雄，在西方也被视为骑士精神的模范。他的美德在耶路撒冷广为传世。

【人物评价】

萨拉丁在位期间采取了很多政策富国强兵，这些政策有效地促进了阿尤布王朝经济和文化的发展。

经济上，修筑道路，开凿运河，兴修堤坝，发展农业，兴办工场，扶植手工业，减轻赋税，改善人民生活。文化上，他倡导学术文化，发展教育，庇护学者，并在各主要城市创建了伊斯兰高等学校，仅大马士革便有20所高等学校。宗教上，宏扬逊尼派教义和学说，在各地清真寺派逊尼派长老主持教务，王朝设总教法官，执掌全国教法的实施，兴建清真寺，传授经训、教义。为鼓舞穆斯林抗击十字军的热情，责成学者撰写宣传“圣战”的著作，号召穆斯林“抓住真主的绳索”，紧密团结，抵御外敌。军事上，改组了军队组织和王宫禁卫军，重建了正规军，修筑军事工程，修建开罗和大马士革城堡等军事要塞，以防备十字军袭击。政治上，建立了完善的政府机构和司法制度，实行军事分封制。

萨拉丁在位的大部分时间是在戎马疆场上度过的。他一生简朴，清正廉洁，全身心地关注阿拉伯民族的命运，把人民的疾苦放在心上。

1193 年 3 月 3 日，萨拉丁在大马士革逝世，终年 55 岁，葬于大马士革伍麦叶大清真寺附近。穆斯林常到其陵墓前拜谒，以示怀念。

【知识链接】

萨拉丁城堡

萨拉丁的城堡位于开罗穆盖塔姆山上。11 世纪时，萨拉丁为抗击十字军东侵而建。巍峨雄伟的萨拉丁城堡位于公路旁，城堡前面是一片绿油油的草地，城墙又高又大，仅仅是宽就有 2 米。城堡分内城和外城两圈。城内建有寺庙和宫殿，其中的阿里清真寺的寺顶尖塔象一把利剑高耸入云，巨大的圆顶沐浴在阳光下熠熠生辉。众多的游客前去参观拜谒和凭吊当年抵抗十字军的英雄——萨拉丁，这位阿尤布王朝开国君主。

萨拉丁城堡外观

埃及自公元 640 年起，由阿拉伯伊斯兰帝国占领，结束了古希腊－罗马帝国近千年的统治，从此埃及被逐渐“阿拉伯伊斯兰化”。在 10 世纪期间，埃及法蒂玛王朝统治期间，疆域不断广大，国势不断强盛，领土包括了阿拉伯半岛及小亚细亚的部分，阻碍了罗马教皇的基督教的东扩，甚至连基督教教徒到圣城耶路撒冷朝圣都遇到困难。

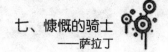

1095年罗马教皇召集宗教大会，煽动基督教徒们消灭东方穆斯林，并夺回“圣地”耶路撒冷。打这时候起，200年间总共发起八次十字军“圣战”。1164年至1169年，埃及被十字军占领，萨拉丁奉命进军埃及，击退十字军，保全了开罗。1171年萨拉丁废黜法蒂玛王朝哈里发，建立阿尤布王朝，自任第一任“苏丹”，建萨拉丁城堡并把王宫搬了进去。

八、草原雄鹰——成吉思汗

伟人语录

要让青草覆盖的地方都成为我的牧马之地。

——成吉思汗

人物简介

成吉思汗

孛儿只斤·铁木真，蒙古帝国可汗，汗号“成吉思汗”。世界史上杰出的军事家、政治家。成吉思汗及其继承者，不仅组建了一支当时天下无敌的强大骑兵，出色地解决了军队给养、后勤供应，还创造性地运用了一系列符合骑兵作战特点的战略战术，取得了一个又一个胜利。1271年元朝建立后，忽必烈追尊成吉思汗为元朝皇帝，庙号太祖，谥号法天启运圣武皇帝。铁木真在位期间多次发动对外征服战争，征服地域西达西亚、中欧的黑海海滨。

草原帝国缔造者的传奇一生

宝剑锋从磨砺出

金世宗大定二年四月十六日（1162年5月31日），成吉思汗生在漠北草原。“铁木真”这个名字的由来，是因为在他出生时，乞颜部正好俘虏到一位名叫铁木真·兀格的敌对部族的勇士。按当时蒙古人信仰，在抓到敌对部落勇士时，如果正好有婴儿出生，那么该勇士的勇气就会转移到这名婴儿的身上。“铁木真”之名因此而来。传说成吉思汗出生时手中还拿着一血块，部族人都相信这是天降生杀大权他的手中。

不幸的是，铁木真在父亲带她去弘吉拉部娶亲后回来的途中被塔塔儿族杀害。乞颜部族的泰赤乌氏首领塔里忽台因不满铁木真父亲生前的所作所为，在其死后对铁木真一家进行报复，命令部众们孤立铁木真一家。铁木真被逼无奈一家迁至他地，但他们却靠着毅力跟智谋艰难地活了下来。就在铁木真渐渐出落成一个魁梧英俊的少年时，还有三次劫难意外地降临到他的头上。

第一次是：泰赤乌在脱离家族后担心铁木真长大后报仇，于是突袭了铁木真家，打算处死铁木真。幸好铁木真在父亲的旧部锁尔罕失喇以及其子沈白、赤老温，及其女儿合答安的协助脱逃下，逃此一劫。他带着家人不断逃避泰赤乌氏追捕长达数年，自此形成他刚毅忍辱性格。

第二次是：一帮盗贼在一个风雪交加的夜晚抢走了他家仅有的几匹马。铁木真在与盗贼的搏斗中被盗贼射中喉咙，危难之际，一个名叫博尔术的青年拔刀相助，铁木真这才得以幸免。

第三次是：成年后的铁木真与孛儿帖结婚时，三姓蔑儿乞部的首领脱黑脱阿，为其弟报当年被铁木真的父亲也速该抢妻之仇，突袭了铁木真的营账。在混战中，他的妻子和异母被俘，铁木真侥幸逃进了不儿罕山。

然而，这三次劫难非但没有击垮铁木真，反倒点燃了他的复仇的决心，他发誓要夺回家里失去的一切。铁木真深知要想立足，必须拥有实力。于是，他用妻子嫁妆中最珍贵的黑貂皮换取了当时草原上实力最为雄厚的克烈部落统领王罕的青睐。铁木真利用王罕的势力，不仅拉拢了他家离散的部族，还在王罕及幼时“安答”（义兄弟）札木合的帮助下，击败了三姓蔑儿乞部首领脱黑脱阿、忽都父子，救出了妻子孛儿帖和异母。从此铁木真和札木合两人一起在部落共同生活。其间札木合因铁木真提拔过一些非贵族的人为将领而不满，这导致了最终的决裂。

十三翼之战——一场败仗带来的胜利

大约在1182年，铁木真被推举成为蒙古乞颜部的可汗，这引起了雄心勃勃的札木合的忌恨。1195年，札木合以其弟弟胎察儿被铁木真额部下所杀为借口，纠集了塔塔儿、泰赤兀等13个部落的3万余人，向铁木真发起进攻。铁木真得到札木合部下亦乞列思人的报告后，集结部众3万人，组成13个“翼”（即是“营”）迎敌。铁木真和母亲诃额仑各分统一翼军，其余各翼多由乞颜部贵族统领。双方大战于答兰版朱思（今蒙古温都尔罕西北），铁木真战败，退避于斡难河（今鄂嫩河）上源狭地，札木合也领军退还本部。

首战中铁木真虽然兵败退至斡难河畔哲列捏狭地，但他万万没想到的是，获胜的札木合却失去了人心，因为他把落入自己手里的人全部处死。札木合将俘虏分70个大锅煮杀，史称“七十锅惨案”。这种惨不忍睹的场面，连其部下也“多苦其主非法”，甚至担心自己的命运来，从而使宽厚仁容的铁木真赢得了人心。那些担心自身命运的札木合的部下纷纷倒向铁木真，铁木真的部众一下子猛增了许多。

此战铁木真败而得众，使其军力得以迅速恢复和壮大。这一战也是成吉思汗一生60多场战斗中唯一失败的一场战斗。

阔亦田之战

随着自己力量的不断强大，铁木真开始向杀害父祖的敌人寻仇，大败主儿乞部，杀其首领。草原各部贵族都害怕铁木真的崛起，推举札木合为“古儿汗”，即众汗之汗，誓与铁木真为敌。他们组建了12部联军，向铁木真和克烈部发动了阔亦田之战。

铁木真与王汗联军的猛烈打击使札木合率领的乌合之众不到一天就土崩瓦解了，札木合投降王汗。随后铁木真进攻塔塔儿部，其首领札邻不合服毒自杀，塔塔儿部另一首领也客扯连投降。铁木真追击泰赤兀部，在指挥作战中被泰赤兀部将射中脖颈，生命垂危。第二天清晨，泰赤兀部众向铁木真投降。

北乃蛮部首领不亦鲁黑汗（亦作盃禄汗、不欲鲁汗）联合斡亦剌惕的忽都合、蔑儿乞惕部的脱黑脱阿，起兵攻打铁木真和王汗。札木合与朵儿边、合答斤、泰赤乌、撒勒只兀惕、塔塔儿等部残余势力，会集于乃蛮不欲鲁汗的旗帜下。于是，铁木真、王汗联军从兀鲁回·失连真河（今内蒙古东乌珠穆沁旗乌拉根果勒、舍野月机果勒）退兵入金长城，依长城阿兰塞为壁。乃蛮军至，铁木真派忽察儿、阿勒坛、答里台三人为先锋，王汗派札合·敢不、桑昆、必勒格·别乞三人为先锋。两军大战于阔亦田之野，乃蛮联军败退。此时，札木合率兵自后策应，见大军已败，不战而走，向额尔古纳河下游退却。沿途军行所过，大肆蹂躏，拥护他的诸部皆遭殃。

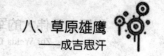

铁木真与王汗分头追击，一追泰赤乌人，一追札木合；王汗追至额尔古纳河，将札木合击败，大获全胜，札木合降。铁木真追击泰赤乌，至斡难河，大败之，或杀或降。战斗中，他收降了后来成为著名将领的哲别、纳牙阿等。他们成为铁木真征服天下的得力助手和一代英雄。

阔亦田之战，是铁木真与札木合集团的最后一次决战，也是争夺蒙古部领导权的最终一战。至此，铁木真成为蒙古部的唯一首领。不服从他的少数人只好带着一部分部属，投奔克烈部首领王汗。

合兰真沙陀之战

一直与克烈部王汗结盟的铁木真在部落争战中善于利用矛盾，依靠王汗的势力壮大自己的力量。王汗见铁木真势力不断壮大，恐怕危及自己在蒙古高原的霸主地位，于在 1203 年春对铁木真发起突然袭击。

王汗之子桑昆等率军包围了铁木真的驻地。铁木真率领怯薛军仓促迎战于合兰其沙陀之地（约今内蒙古乌珠穆沁旗北境）。战斗中铁木真第三子窝阔台中箭负伤，怯薛长博尔术的战马被敌人射中败回，而铁木真也在突围中失掉马匹。铁木真沿哈拉哈河撤军，收集部众约 2600 人，向贝尔湖附近弘吉剌部驻地进发。铁木真收降了弘吉剌部。后来铁木真又转移到班朱尼河（呼伦湖西南）边。跟着他的军士，只剩下 19 人。铁木真弟合撒儿被克烈军击败，也到铁木真处会集。他们剥野马皮当锅，击石取火，汲取河水煮马肉充饥。铁木真在河边向天发誓说；“如果我建立大业，定与你们同甘共苦。违背这话，有如河水。”铁木真在艰难的处境中渐渐恢复了实力。这是铁木真经历的最为惨烈的一仗，他的军队只剩下 4600 余人。他一直逃到贝尔湖以东才避过一劫。

王汗和追随他的蒙古贵族在合兰真沙陀之战后发生了分裂。札木合等人策划谋害王汗，被其发觉后，遭到王汗的进攻，札木合等人率领部众投奔了乃蛮。这时王汗又率部去攻打金朝，遭到金朝军队的打击，损失惨重，退回漠北。铁木真抓住这一有利时机，向克烈部展开了攻势。

1203 年秋，铁木真探知了克烈部的虚实，在王汗举行宴会的这一天，突然包围了王汗的营帐。经过三昼夜的激战，击溃了王汗主力，大败王汗父子。王汗只身一人想投奔乃蛮部，在乃蛮边界被边将当作奸细杀死，桑昆逃到西夏，被当地人驱走，又逃到苦叉（今新疆库车），被当地酋长杀死。至此，强大的克烈部被灭，铁木真在草原部落争战中取得的最大胜利，占据了水草丰美的东部草原——呼伦贝尔。

此时的蒙古草原上只剩下乃蛮部还有力量能够与铁木真对抗，败于铁木真之手的各部贵族先后汇集于乃蛮汗廷，企图借助太阳汗的支持夺回自己失去的牛羊和牧场。但草原人民并不希望部落林立的局面重演，而未经战阵的“太阳汗”也是不堪一击，经过纳忽崖之战，铁木真在 1204 年征服乃蛮部。

大破金军——征服战争的开章

1206 年铁木真一统蒙古各部，蒙古贵族们在斡难河（今鄂嫩河）源头召开大会，诸王和群臣为铁木真奉上尊号“成吉思汗”。为扩张势力与增加财富，并面临强大金国的威胁，双方开始处于剑拔弩张紧张态势。金国在长久“分化草原各部”为成吉思汗反抗策略失效后积极备战，决意采军事行动，意图一举消灭新起之蒙古。而成吉思汗立国后，实行千户制，势力益盛，建立护卫军。开始对外发动大规模征服战争。

在 20 余年与西夏的战争，屡创西夏主力，迫西夏国王乞降，除金朝以西北为屏障顺利南下攻金。六年，亲率大军伐金，开始了为时 24 年的蒙金战争。

金丞相独吉思忠率领金军主力前往西北前线，组织75万人工加固界壕300公里，目的在于阻止蒙古人南下。结果成吉思汗让三子窝阔台分兵攻打西京（今山西大同市）对金军进行牵制，自己亲率主力攻打乌沙堡，并占领乌月营，摧毁了金军的防线。此阶段为3月至6月底的战事，之后蒙古休兵一个月，挺向野狐岭并与金国特使谈判。

1211年，成吉思汗发动了第一次伐金战争中最关键的一战——野狐岭之战，这是整个蒙金战争中决定性的战役。在这次战役中，成吉思汗指挥10万大军集中打击45万金国大军的中路10万军队，蒙军大胜，而金国几乎丧尽了所有精锐，从此再也没有能力抵抗蒙古铁骑，直到灭亡。

金大将完颜承裕接替独吉思忠为丞相后，率30万主力放弃恒州（今内蒙古蓝旗四郎城）、昌州（今沽源县九连城乡北3公里处）、抚州（今张北）三州退守野狐岭。他利用山地地形遏制蒙古军队的骑兵优势。金国派出石抹明安（契丹族）和成吉思汗谈判，却被成吉思汗收买，石抹明安叛降向成吉思汗，并向成吉思汗提供金军布兵情报。

獾儿嘴之战中又一次采取集中突破战术。他命令木华黎帅精锐八鲁营，自獾儿嘴通道发起突击，战斗前，木华黎向成吉思汗立誓："不破金军，不生返!"士气因此激昂大涨。此役，蒙古军因地势全部下马步战，但仍凭借高昂的斗志和锐气杀败金军，直逼完颜承裕中军大营。金军由于人心涣散，联络调度不利，全军溃逃。指挥官完颜九斤殉国，30万主力就此瓦解。

败逃过程中的完颜承裕集结了数万残军，尚未休整就在浍河堡遭遇追击而至的蒙古军，蒙古军迅速包围了金军。成吉思汗在激战3天后亲率精骑3000突击，令数万蒙古军随后发动总攻，完颜承裕只身逃走，金军全军覆亡。此后丞相换上徒单镒，此人以多谋着称，是第三任丞相，终于止住金国颓败。

西征花剌——不断扩张的疆域

刺子模讹答剌城的海儿汗杀死了蒙古汗国的499名和平商人，其国王摩诃末又武断地杀死了成吉思汗派去交涉的正使，这成为成吉思汗西征的导火线。

成吉思汗对花剌子模的进攻采取了“扫清边界，中间突破”的战略。国王驻新都，母后秃儿罕驻旧都。花剌子模的新都撒马尔罕在不花剌以东，旧都玉龙杰赤在不花剌西北。成吉思汗首战的目标是攻取讹答剌等边界城市，目的在于避实击虚，同时亲率中军进攻不花剌，从中间突破，切断花剌子模新旧二都之间的联系使其首尾不能相顾。

这场战争打的最激烈的地方就是讹答剌城，海儿汗最后被活捉。成吉

乌兰巴托苏赫巴托广场政府宫殿正面的成吉思汗雕像

摩诃末不可一世、目空一切，他将西辽人、乃蛮人全不放在眼里，只对母后有所忌惮。对于蒙古人，起初他知之甚少，他对太后的兄弟海儿汗贪财害死了蒙古商队的事情毫不知情，但他因为太后支持国舅，也迫不得已以强硬的态度对待蒙古的使团。当时在他的眼里，蒙古军队只是一群野蛮的异教徒，骑着像兔子一样矮小的马，不堪一击，直到他第一次在西辽边境同哲别率领的蒙古小股部队遭遇的时候，才领略了蒙古人的战斗力。

摩诃末国王面对着蒙古大军的进攻，拒绝了集中兵力决战的建议，采取分兵把关、城自为战的战略，导致被动挨打。当蒙古大军日益逼近时，他又率众逃跑，放弃了都城和天险。战斗中他从未组织过一次像样的抵抗。蒙古名将哲别、速不台率军根据成吉思汗的命令追击摩诃末。他们要像猎犬一样咬住自己的猎物不放，即使其躲入海岛、山林，也如疾风闪电般追上去。最后，逃往海岛的摩诃末也悲惨地死去，躲入山林的秃儿罕王后被迫投降了。

哲别、速不台在摩诃末死后，挥军北上，进入斡罗思地区与钦察草原。因察合台与术赤意见不合，所以玉龙杰赤久攻不下。直到成吉思汗命令窝阔台为前线指挥，这才攻下玉龙杰赤城。

如此一来，不可一世的花剌子模被消灭了。古印度河、伏尔加河一带成为激烈争夺的战场，钦察骑兵和斡罗思诸公国也在战斗中一败涂地。虽然花剌子模的王子札兰丁率领残部进行抵抗，并在八鲁弯之战中一举消灭了近3万蒙古兵，但花剌子模大势已去，最后被成吉思汗围困在申河边上，侥幸突围才逃往印度。

【人物评价】

成吉思汗是古今中外著名的历史人物，同时又备受争议。七八百年来，中外各国的军事家、政治家和名人学者从不同角度探讨和研究这位伟大人物。

孙中山说："亚洲早期最强大的民族之中原蒙古人居首位。"

毛泽东将成吉思汗称为"一代天骄"，与秦皇汉武、唐宗宋祖相提并论。

《中国人史纲》的作者柏杨给予了成吉思汗极高的评价："成吉思汗是历史上最为伟大的军事家暨组织家之一。在20世纪前，他在政治上和战场上的光辉成就使得很少能有人可跟他媲美。铁木真胸襟开阔，气度恢宏，他用深得人心的公正态度统御他每天都在膨胀的帝国，超高的智慧使他发挥出了超乎常人的才能。"

《世界征服者史》的作者波斯人志费尼说：亚历山大在世也会将成吉思汗尊为自己的老师。他认为，全能的真主使成吉思汗拥有过人的才智，使他思想敏捷、权力无限，为这世上诸王之冠。所以，史书中虽然记载了古代伟大的库萨和的实施，以及法老恺撒的法令律文，但是成吉思汗却凭借自己的脑子创造出来了类似的东西。他既没有劳神去查阅文献，也没有费力去遵循传统。征服他国的方略、消灭敌军、擢升部署等措施，也全是他自己领悟的结果。说实话，倘若那善于运筹帷幄、料敌如神的亚历山大活在成吉思汗时代，他也会在使计用策方面做成吉思汗的学生，而且，在攻略城池的种种妙计中，他会发现最好的方法还是盲目地跟着成吉思汗走。

拿破仑对成吉思汗也是十分推崇。他曾说："不要以为蒙古的大军入侵欧洲是亚洲的散沙在盲目移动。这个游牧民族有严格的军事组织和深思熟虑的指挥者，他们要比自己的对手精明许多。我不如成吉思汗，因为他的四个虎子都争为其父效力，我没有这种好运。"

【知识链接】

成吉思汗的死因

关于成吉思汗的死因，多与西夏有关。

一种是成吉思汗由于不孝被雷电击中。蒙古人迷信“上天以雷电警告不孝者”，而成吉思汗因惹母亲生气导致母亲去世，有不孝的嫌疑，所以特别害怕雷电。1227年夏，成吉思汗误入雷区，被雷电击中致死。“雷击说”这种说法比较离奇。曾经出使蒙古的罗马教廷使节约翰·普兰诺·加宾尼在其所文章透露，成吉思汗是可能是被雷电击中身亡。约翰·普兰诺·加宾尼当时也到达蒙古国时，发现夏天的雷电伤人事故频发，“在那

成吉思汗陵墓

里却有凶猛的雷击和闪电，致使很多人死亡。”因为这个原因，蒙古人很怕雷电。

在外蒙古人中间还流传着被美女刺杀一说。这一风流事件也是因为西夏王妃古尔伯勒津郭斡哈屯。据说，这位王妃被献给成吉思汗后，成吉思汗要她做他的妃子，王妃表面同意了，却不甘受辱。集家仇国恨于一身的王妃在陪寝当天夜里，在被宠幸时咬掉了他的下体。成吉思汗此时已经67岁，羞恨交加遂致病重。此事后来也被瞒了下来，对外只称大汗是坠马受伤致病重。西夏王妃，则跳黄河自尽。被刺一说，源于成书于清朝康熙元年（1662）《蒙古源流》。1766年蒙古喀尔喀部亲王成衮扎布作为礼物，将此书手抄本进献乾隆皇帝。乾隆令人将其译为满、汉两种文本，并题书名《饮定蒙古源流》，收入《四库全书》。应该说，成吉思汗被刺一说是有很高的可信度的。

还有一种说法是在1227年初，成吉思汗在西夏作战时膝部中了毒箭，最终致命。《圣武亲征录》说，成吉思汗受箭伤有三次：1202年阔阔亦田之战、1212年攻西京之战、1226年攻西夏时膝部中箭。估计最后一次箭伤对其身体影响较大。意大利著名旅行家马可·波罗在自己的遗著中认为：成吉思汗死于箭伤。《世界侵略者传略》、《史集》、《元史译文》、《纲目译文》等国外、国内书籍也都说“汗病八日死”。

“中毒说”这种说法，来源于《马可·波罗游记》。马可·波罗是13世纪意大利商人，于1275年到达中国。其时正是元世祖忽必烈当政时间。其在游记中记叙的成吉思汗的死因：在进攻西夏时围攻太津时，膝部不幸中了西夏兵士射来的毒箭，毒气攻心，伤势益重，一病不起。但民间另有传说，成吉思汗是“中毒”而死，但却不是中了西夏兵士的毒箭，而是被西夏王妃古尔伯勒津郭斡哈屯下了毒。

在众多的说法中，最正统的，为更多人的知道的，则是《元史》中采信的“坠马说”。

《元朝秘史》（卷十四）记载："成吉思既住过冬，欲征唐兀。从新整点军马，至狗儿年秋，去征唐兀，以夫人也遂从行。冬间，于阿儿不合地面围猎，成吉思骑一匹红沙马，为野马所惊，成吉思坠马跌伤，就于搠斡儿合惕地面下营。次日，也遂夫人对大王并众官人说：'皇帝今夜好生发热，您可商量'。"

"狗儿年"是宋理宗宝庆二年（1226），"唐兀"是当年蒙古人对西夏人的叫法。成吉思汗于1226年秋天，带着夫人去征讨西夏国。冬季时在一个叫阿儿不合的地方打猎时，不想他的骑的一匹红沙马，让一匹野马惊了，在没有防备的情况下，成吉思汗坠落马下受伤，当夜就发起了高烧。为什么一次坠马伤重成这样？据说是流血太多。此事正好被西夏一叫阿沙敢不的大臣知道后讥笑道："有本事你就来过招。"成吉思汗听说后，遂挺进贺兰山，表示宁死不退兵，将阿沙敢不灭了。但此后，成吉思汗的伤病一直未好，反而愈加严重，到1227年农历七月十二（阳历8月25号）时驾崩，虚岁67岁。

九、奥斯曼战神——苏莱曼大帝

伟人语录

猛击、毁坏和消灭一切当道的东西

——苏莱曼一世

人物简介

约 1530 年所绘的苏莱曼画像

奥斯曼帝国在位时间最长的一位苏丹便是苏莱曼一世（1520—1566 在位），他是奥斯曼帝国的第 10 位苏丹。他在当政期间兼任伊斯兰教最高精神领袖哈里发之职。苏莱曼一世的文治武功，他在西方被普遍誉为苏莱曼大帝，而他在奥斯曼帝国国内和东方则被誉为卡努尼苏丹苏莱曼，“卡努尼”意为“立法者”。苏莱曼一世在位期间完成了对奥斯曼帝国法律体系的修改。

奥斯曼帝国的苏莱曼大帝是 16 世纪的一位英明的君主，在他的统治下，奥斯曼帝国在经济、政治、文化和军事等诸多方面都进入极盛时期。他亲自开创了社会、教育、税收和刑律等方面的立法改革。他主持编撰的权威法典，奠定了在他逝世后帝国数个世纪的法律制度基础。

立法者的戎马生涯

志向远大的苏莱曼

1494年11月6日是最有可能的苏莱曼一世出生的具体日期。他生于黑海之滨的特拉布宗。他母亲是艾谢·哈芙莎苏丹——亚武兹苏丹塞利姆一世的皇后（后成为皇太后）。

7岁时，苏莱曼被送往帝都伊斯坦布尔托普卡珀宫的皇家学校学习文学、历史科学、神学和兵法。在他年轻时，与一名叫易卜拉欣的奴隶结下友谊，后来易卜拉欣作为苏莱曼最信任的顾问之一伴随其左右，并曾任大维齐尔。

苏莱曼从17岁开始先后担任卡法（今乌克兰费奥多西亚）和马尼萨的总督，并在帝国故都埃迪尔内短期任职。苏莱曼在父亲塞利姆一世归真后返回帝都伊斯坦布尔继位，而且成为奥斯曼帝国第10任苏丹。

几周后，巴尔托洛梅奥·孔塔里尼，这名威尼斯共和国驻奥斯曼帝国公使对年轻的苏丹作了如下描述："他25岁的年纪，外表柔弱，却依然神采奕奕。他被誉为好学之士，英明之主，所有人都想受益于他的统治。"另外的一些史学家宣称苏莱曼年轻时曾仰慕马其顿的亚历山大大帝，受其影响，立志建立一个囊括东西方的帝国，这成为他日后频繁征战欧洲、非洲和亚洲的思想动力。

欧罗巴的征程

苏莱曼在1521年一世继承王位后，镇压了一场由帝国大马士革总督策划并领导的叛乱，从此之后便开始了一系列军事征服。

苏莱曼很快就做好了完成征服匈牙利王国重镇贝尔格莱德的准备。在保加利亚人、塞尔维亚人和拜占庭人陆续抵抗失败后，匈牙利人成为阻止奥斯曼帝国向欧洲内陆扩张唯一的阻碍，只有攻占贝尔格莱德是才能征服匈牙利人。苏莱曼率领的大军将贝尔格莱德团团围住，不断地从一座多瑙河中的岛屿上向城内发射重炮。然而贝尔格莱德的守军仅有700人，匈牙利也没有派兵增援。直到1521年8月，苏莱曼一世率领奥斯曼人的军队占领贝尔格莱德。

基督教世界的重镇贝尔格莱德，被苏莱曼一世攻下的消息很快传遍欧洲。根据神圣罗马帝国驻伊斯坦布尔大使的说法："这次的占领是吞并匈牙利的一系列戏剧性事件的开始。它导致了布达的陷落、拉约什国王之死、特兰西瓦尼亚被征服，使得一个繁荣王国的毁灭和邻国对将会遭遇到同样命运的恐惧……"

苏莱曼就在打通了通往奥地利和匈牙利的道路后，出人意料的将注意力转移到东地中海的罗得岛——医院骑士团所在的大本营。医院骑士团曾长期困扰着奥斯曼帝国，骑士团在安纳托利亚和累范特近海频繁进行海盗活动。苏莱曼于1522年，凭借其父塞利姆一世留下的海军优势，派遣了一支由400艘战舰的舰队进军罗得岛，他本人则亲帅10万大军反方向包抄。在为期5个月的漫长的残酷围攻中，岛上的守军投降，条件是苏莱曼允许骑士们离开罗得岛，并最终在马耳他岛重建了马耳他骑士团。

由于苏莱曼占领了贝尔格莱德，导致匈牙利王国与奥斯曼帝国的关系逐步恶化。苏莱曼在解除罗得岛这一后顾之忧后在东欧重启战端。

在1526年8月29日的第一次摩哈赤战役中，苏莱曼大败匈牙利的国王拉约什二世，使奥斯曼帝国成为东欧的一支空前强大的势力。有这样一个传说，苏莱曼见到拉约什二世的尸体时表达了哀悼："我来此确实是为了击败他，却并没想到过要他在刚刚品味到生活与权力时就撒手人寰，这不是我的本意。"

哈布斯堡王朝在神圣罗马皇帝查理五世和他的弟弟奥地利大公斐迪南的领导下，成功地夺取了匈牙利和布达。所以苏莱曼在1529年率军成功地穿过多瑙河河谷，再一次的占领布达，并在当年秋天兵临维也纳城下。

奥斯曼帝国最为雄心勃勃的远征就是维也纳之围，标志着它对西方的军事威胁达到了顶峰。不过由于1.6万名维也纳守军的奋战，勇敢的奥地利人使苏莱曼第一次尝到了失败的滋味，从此拉开了一直到20世纪的奥斯曼-哈布斯堡战争的序幕。

1532年奥斯曼帝国企图再次攻占维也纳，却在大军未到城下时就撤退了。这两次远征维也纳失败的原因都是补给线拉得过长阻碍行军，和奥斯曼士兵因恶劣天气而生病（迫使他们放弃携带围城器械）。

匈牙利的争端于1540年代再起，这也是苏莱曼一雪维也纳之辱提供了机会。一些匈牙利的贵族根据之前达成的协议，建议邻国的奥地利大公斐迪南与已故匈牙利国王拉约什二世的家族联姻，以继承匈牙利王位。因为拉约什死后无嗣，只得让哈布斯堡家族继承王位。除此之外的其他贵族则支持现任国王绍波尧伊·亚诺什，绍波尧伊虽然得到了苏莱曼的支持，但没有得到欧洲其他基督教国家的承认。

1541年哈布斯堡王朝与奥斯曼人的再次起了冲突。哈布斯堡王朝的努力最终失败，失去了更多的要塞。斐迪南和他的兄长、神圣罗马皇帝查理五世被迫与苏莱曼缔结了一项羞辱性和约。和约规定：斐迪南必须放弃对匈牙利王位的企图，并且每年都要向苏莱曼缴纳一笔固定的费用，以换取苏莱曼对仍处于他控制下的匈牙利部分领土的承认。更加具有象征性意义的是，和约中只称查理五世为“西班牙国王”，并未提及他的“神圣罗马皇帝”。因为苏莱曼认为自己才是真正的罗马帝国的合法继承人。在苏莱曼打败了欧洲的主要对手哈布斯堡王朝后，苏莱曼统治下的奥斯曼帝国作为欧洲政治上的一个强有力的重要角色登上了舞台。

三征波斯

在巩固欧洲的边境后，奥斯曼帝国的东方帝国——波斯（今伊朗）什叶派萨非王朝引起了苏莱曼的注意。特别是波斯国王塔赫玛斯普一世杀掉了忠于苏莱曼的巴格达总督换上了自己人，和比特利斯总督叛变后向萨非王朝宣誓效忠，都是苏莱曼极度关注。

1533 年，苏莱曼命大维齐尔帕尔加勒·易卜拉欣帕夏率部队进军亚洲。奥斯曼军队攻克比特利斯，并乘胜占领了毫无抵抗的波斯故都大不里士。

1534 年，苏莱曼率领大军与易卜拉欣帕夏会合后继续向波斯内地推进。塔赫玛斯普一世采取了避免与奥斯曼帝国军队直接对抗的退守战略，并试图利用波斯内地的冬天的恶劣天气控制敌人。在冬季的波斯作战是苏莱曼所顾忌的，于是苏莱曼与易卜拉欣帕夏挥师伊拉克。波斯总督在奥斯曼大军兵临伊斯兰故都巴格达城下时，开城投降。自此，苏莱曼成为了伊斯兰世界中无可争议的领袖和阿拔斯王朝哈里发的合法继承人。

苏莱曼为了永远击败波斯，于 1548 年到 1549 年发动了对波斯的第二场战争。这一次的战争中，塔赫玛斯普一世与第一次一样为了避免与奥斯曼军队直接对抗而选择撤退，并在与奥斯曼帝国接壤的阿塞拜疆地区施行焦土政策，烧光了一切。他试图让奥斯曼军队暴露在高加索的寒冬中。而苏莱曼大军在暂时占领大不里士和阿塞拜疆地区后又被迫撤回安纳托利亚过冬，随后波斯人收复了阿塞拜疆地区。不过，奥斯曼帝国在这次的战役中还是夺取了凡城和格鲁吉亚的一些要塞。

1553年，苏莱曼发动了最后一次对波斯的战争。战争一开始，塔赫玛斯普一世的儿子就攻陷了埃尔祖鲁姆，但苏莱曼很快采取行动，他率军渡过幼发拉底河上游，重新占领埃尔祖鲁姆，并将波斯的部分地区洗劫一空。然而，苏莱曼再一次因波斯军队避敌锋芒诱敌深入的策略而进退维谷。

1554年签订的协议结束了苏莱曼在亚洲的征伐。

地中海之战和北非战场

当苏莱曼在陆地上的征服获得巨大胜利后，神圣的罗马皇帝查理五世的海军上将安德烈·多里亚攻陷了摩里亚的科罗尼要塞，这个消息很快传入苏莱曼的耳中。西班牙在东地中海的存在让苏莱曼心中很不舒服，他视之为查理五世为自己的眼中钉、肉中刺，深刻地意识到在地中海建立一支强大海军的必要性。随后苏莱曼马上任命卓越的海雷丁帕夏为海军总司令，负责重建奥斯曼帝国的舰队。海雷丁帕夏不负厚望，他重建的奥斯曼海军战舰数量相当于地中海其他国家的战舰数量的总和。

1535年，查理五世在突尼斯取得了对奥斯曼帝国一次重大的胜利，加上后来暴发的奥斯曼帝国与威尼斯共和国的战争，加速了苏莱曼同意和法国国王弗朗索瓦一世联合对付查理五世的建议。1538年西班牙舰队在普雷韦扎战役中大败于海雷丁帕夏，从此苏莱曼在地中海称雄33年。

奥斯曼帝国拥有着摩洛哥以东的北非大片的领土。当时的黎波里塔尼亚、突尼斯和阿尔及利亚的柏柏儿人国家成为帝国的自治行省，也成为了苏莱曼与查理五世冲突的前沿阵地。查理五世曾试图把奥斯曼人从此赶出该地区，但他的计划失败了。奥斯曼帝国抗击西班牙的战争中一直有柏柏儿海盗助阵。短时间内，奥斯曼帝国的扩张保住了它在地中海的霸权。奥斯曼帝国海军还控制了波斯湾和红海，直到1554年被葡萄牙帝国的海军击败。1515年，葡萄牙人占领奥尔穆斯，对苏莱曼控制下亚丁构成了威胁。

1542 年，法王弗朗索瓦一世请求与奥斯曼帝国恢复联盟，以此对付哈布斯堡王朝的一次普通威胁。苏莱曼得知后令海雷丁帕夏带领 200 艘大帆船开往西地中海支援法王。海雷丁帕夏在开往法国的途中洗劫了西西里岛沿海的地区和那不勒斯。在他到达法国后，弗朗索瓦一世把土伦港让给海雷丁帕夏作为他的海军司令部。在这次的远征中，海雷丁帕夏在 1543 年攻占了尼斯。1544 年，法王弗朗索瓦一世与查理五世讲和，这也结束了法国与奥斯曼帝国的短暂联合。此时，在地中海的另一处，医院骑士团已经在 1530 年重建为马耳他骑士团。他们针对穆斯林海军的反抗行动很快激怒了奥斯曼人。奥斯曼人调集另一支庞大的舰队开往马耳他岛，试图将骑士团永远赶出马耳他岛。

1565 年，奥斯曼人到达马耳他，对马耳他骑士团的围攻战持续了 4 个月。战役刚打响时似乎是 1522 年罗得岛战役的翻版，马耳他岛上的大部分城市被毁，半数骑士团成员阵亡，但后来西班牙军队赶来增援骑士团，奥斯曼人损失 3 万人后不敌，最终撤退。

【人物评价】

苏莱曼在位的几十年间，对内大力实行政治、军事改革，加强了封建统治；对外大肆扩张，发动了数十次征战，其中亲征 13 次。1521 年，攻占贝尔格莱德。1522 年，从马耳他骑士团手中夺取罗得岛。1526 年，在莫哈奇之战中，侵占匈牙利大部领土。1529 年，围攻维也纳。1533 年后数次进军伊朗，占领伊拉克、库

苏莱曼之墓

尔德斯坦大部和亚美尼亚西部，并派兵夺取了也门和亚丁等地。1538年，击败威尼斯和西班牙联合舰队，称雄地中海。他又在北非征服的黎波里、阿尔及利亚和突尼斯。1565年，出兵进攻马耳他岛，遭惨败。1566年，再次出征匈牙利时病故。占据大陆咽喉的奥斯曼土耳其帝国，国祚长达600多年，在帝国鼎盛时期先后征服了东北非、南欧和亚洲的许多地区。苏莱曼大帝是一位站在帝国最高峰处“猛击、毁坏和消灭一切当道的东西”的杰出帝王。

【知识链接】

苏莱曼的遗产

苏莱曼去世时的奥斯曼帝国拥有大量的财富和无可匹敌的军事力量以及广袤的领土，是当时世界上最强国之一。

苏莱曼统治下的奥斯曼帝国控制着伊斯兰教的大部分重要城市、和巴尔干的许多行省以及北非的大部分地区。奥斯曼土耳其人在苏莱曼的扩张策略下成为欧洲政治舞台上保持各国力量平衡的强大仲裁者。奥地利驻伊斯坦布尔大使比斯贝克察觉到苏莱曼统治下的奥斯曼帝国即将对欧洲进行征服，并对此十分恐惧：“他们的力量从未受损、几乎每战必胜、不畏艰苦并且十分团结、头脑聪明且纪律严明……当土耳其人攻下波斯后，他们就会转而攻击我们，这时整个东方都会支持他们，我不敢说我们是否做好了准备。”甚至在英国剧作家威廉·莎士比亚的戏剧中中也提到了“苏里曼苏丹”是一位不二的军事奇才。

苏莱曼大帝死去的一个世纪后，法国旅行家让·德泰弗诺亲眼目睹了奥斯曼帝国当年的风采。当时的苏莱曼通过对行政和立法体系的改革，赢得了“卡努尼”（“立法者”）的称号，保证了他身后的帝国国祚长久。

另一方面，苏莱曼个人对文化方面的资助使奥斯曼帝国的黄金时代在他的主持下拉开序幕。那时的建筑、艺术、文学、神学和哲学等领域的文化成就达到了当时的顶峰。现如今，博斯普鲁斯海峡、以及现代土耳其与前奥斯曼行省的很多城市的地平线上仍然装饰着当时建筑作品。

苏莱曼尼耶清真寺是苏莱曼大帝与他的妻子许蕾姆苏丹最后的归宿，他们被葬在清真寺中两座分开的陵墓中。2007 年，乌克兰的马里乌波尔建造起一座清真寺来纪念苏莱曼大帝和他的乌克兰妻子许蕾姆苏丹。

十、全人类的精神领袖
——乔治·华盛顿

伟人语录

由于剑是维护我们自由的最后手段，一旦这些自由得到确立，就应该首先将它放在一旁。

——乔治华盛顿

人物简介

乔治·华盛顿（1732—1799），美国历史上第一任总统，鉴于他在美国独立战争和建国中的重要贡献，被冠以美国“国父”之称。他率领大陆军队在美国独立战争中赢得胜利，1789 年，没有任何争议地赢得支持成为美国第一任总统。迄今为止，乔治华盛顿依然被认为是最伟大的美国总统之一。

人格魅力大于个人功绩

勤奋好学的青少年

1732年2月22日上午，华盛顿出生在位于弗吉尼亚州的威斯特摩兰县的一个大农场。他的父母都是英国后裔。在1500年的时候，华盛顿家族迁到北安普顿郡。华盛顿的父亲奥古斯丁是个蓄奴的大农场主，曾尝试过开采铁矿。虽然当时华盛顿的家庭并不算特别富有，但他的童年依然美好而快乐，而且华盛顿从小就是个与众不同的孩子，心地善良、诚实正直、待人谦和。到了适学年龄的华盛顿在7岁到15岁的几年里，除了在一所老式的学堂里接受了初步的教育，学习了简单的识字和写算，就再也没有接受过系统或正规的中等和高等教育。但是华盛顿凭借着吃苦耐劳的精神，顽强的毅力和勤奋好学的劲头，不断地通过自学来增加自己的知识和开拓眼界，使自己具备了突出的才能。

在华盛顿11岁的时候，他的父亲去世了，哥哥劳伦斯继承了大部分财产。早年劳伦斯曾在英国留学，回到家乡后，在弗吉尼亚的军队中任高级副官。因为劳伦斯崇拜弗农将军，便将自己的庄园以弗农将军的名字命名。华盛顿搬到了哥哥的庄园生活。那时，他也渐渐开始接触到一些受过高等教育的贵族，通过与他们的交往，他也培养了良好的生活习惯，接触到了英国上流社会的观念、礼仪，还学会了跳舞和骑马，慢慢地他成为了一个温文尔雅、风度翩翩的绅士。在此期间，他还学习了测量技术，并且十分精通，还因此被任命为政府测量员。在他从事这项职业的3年时间里，对野外艰苦生活的适应，使他的意志得到了磨练，也使他学会了怎样与印第安人交往。这一段生活对华盛顿的人生产生了巨大的影响。

披上戎装，忠诚护主

命运在1748年开始，为华盛顿打开了走入戎马生涯的大门。1748年，英法两国为了争夺各自在北美的殖民地和利益，冲突日益明显。1753年春，英法两国矛盾加剧，时任弗吉尼亚总督的罗伯特·丁威迪对此很忧虑，他写了一封义正言辞的信，要求法国人放弃这块土地。当时任少校副官的华盛顿带领一行人马历经危险和困难，将这最后通牒送达到法国人手中。在这期间，华盛顿都表现得不卑不亢，谨慎果敢，机智坚定，人们都为他勇敢坚强，不畏艰险并且勇于献身的精神所感动，渐渐他成为了传奇般的人物。但当时，华盛顿和很多弗吉尼亚人一样，都对自己的宗主国英国有些近乎盲目的信仰，视自己为英国的忠诚国民，并以自己日后能成为一名英军的军官为目标而不懈努力。然而，北美殖民地军人的身份，让他们无法得到与正规军相同的待遇。这让华盛顿的自尊心受到了深深的伤害，但他仍然从大局出发，为了母国和领地人民的安全，积极勇敢地继续投身到抗击法国的斗争中。

1754年，团长富瑞上校带领弗吉尼亚民兵开赴俄亥俄州谷地，向那里的法国人宣战，华盛顿任他的副手。行军途中，富瑞上校意外坠马身亡，于是华盛顿代理团长。其后，遇到了主盟威尔爵士的法国巡逻队，华盛顿率领的部队在印第安人的帮助下，全歼了法国人，印第安人还将朱蒙威尔爵士及其手下一起杀掉了。于是，得知消息的法国和其他印第安人联军在朱蒙威尔的表哥路易·库隆德维利耶的率领下将缺少经验的华盛顿和弗吉尼亚民兵包围了，华盛顿被迫投降。于是，法国人要华盛顿在用法文写成的投降书上签字，但是没有接受过正规教育的华盛顿根本不懂法文，却依然在投降书上签上了自己的名字。这意味着华盛顿承认了杀害法国外交使节，他成了挑起英法战事的祸端。至此，英法之间的 7 年战争爆发。但挑起战争的华盛顿并没有受到责备，反倒因此成了英雄。这场战争也以英国的胜利告终。俄亥俄谷地归属英国，弗吉尼亚的庄园主们也终于可以向西部扩张了。

为心中的正义天平而战

1763 年，耗时 7 年的英法战争终以英国的取胜宣告结束。但是连年的战事和经济的搁置使得英国国库吃紧，为了减轻政府沉重的财政负担，英国对其在北美的属地苛以重税，先后颁布了诸多税法对殖民地的人民征税。这一系列的法令无视殖民地人民的自由和主权，侵犯了殖民地人民的利益，也粗暴地践踏了殖民地议会的立法权。这种情形下，北美殖民地的民众与英国的矛盾日益加剧，甚至已经无路可走，只有和英国决裂。而这时，华盛顿正处在一种矛盾的状态中，一方面他很难接受与宗主国决裂的做法，另一方面他在感情上已经和人民融为一体了。但他已经预感到无法避免一场战争的发生了，同时已经在考虑如何应对这场战争。

1758 年 7 月，华盛顿成为弗雷德里克县选区在弗吉尼亚下院的议员。从此，华盛顿成了抗议英国殖民地政策的一员，并从 1769 年开始领导这个抗议团体。到了 1774 年，全面战争的爆发已经迫在眉睫。北美一共 13 个英属殖民地代表在费城召开了首次大陆会议，历时 51 天，华盛顿作为弗吉尼亚的代表出席了会议。1775 年 4 月 18 日，列克星敦传出的枪声，迅速点燃了整个北美武装斗争的火焰。此时，华盛顿再次面临复杂的抉择，最终他做出来果断的决定。1775 年 5 月 10 日，第二届大陆会议在费城举行。时年 43 岁的华盛顿一身戎装参加会议，很是显眼，最终他当选为大陆总司令，这也是他人生旅途的重要转折，更是他伟大而英雄命运的开端。

担任大陆军总司令的华盛顿，统率的是一支缺乏训练、纪律涣散的民兵，与装备精良的英国正规军根本无法相比。尽管如此，他们仍然靠着坚强的意志和必胜的决心，克服了很多难以想象的困难，经受住了一次次严峻的考验。而华盛顿在战争中，每次都骑着自己的马匹亲自冲锋陷阵，英勇作战，表现出了极大的忍耐力和进取精神。直到1776年7月4日，著名的《独立宣言》发表，这就像是为独立战争又注入了新的强有力的动力。

历时整整八年，和平终于在1783年的3月下旬来临了。英美两国签署了《巴黎和约》，英国承认了美国的独立。此时，华盛顿已经51岁了。

众望所归，领袖无二

独立战争结束后，华盛顿辞去了军职，并于1781年在安利波利斯的大陆会议上，正式辞去任职。而后，他回到了家乡，过着平静的，半隐退的生活。他的主动辞职给这个新生的国家树立了一个影响无比深远的先例，这不得不让人既惊奇又钦佩。

1787年，当时的新生国家政府还很虚弱，政治领导人们开始呼唤有一部强有力的联邦宪法，来确保事物的运行和政策的执行。于是，制宪会议在费城召开，华盛顿也作为必不可少的人参加会议，并成为会议的主席。在此次会议上，华盛顿再次利用自己的威望和影响力，平衡和调节着代表之间的沟通。最终所有代表一致同意将行政权利赋予美利坚合众国的总统。

联邦宪法的通过，同时也揭开了华盛顿人生中的崭新一页。各州的选举团同时在所在地投票，相互之间没有任何联络，但人们都不约而同地将票投给了华盛顿。于是，华盛顿成为了美国历史上第一位总统，而且是全票当选的总统，无任何党派身份的总统。得知自己当选总统后，华盛顿表示："我将下定决心，别无他顾、竭尽全力为民效力，以期能在适当的时机尽早解除这一职务，使我再次隐退，以便在惊涛骇浪之后，度过平静的晚年，以享天伦之乐。”

1789年4月30日，华盛顿在万众瞩目中走上就职的讲台，坚定而庄重。他手按《圣经》，在大法官的主持下，进行庄严的宣誓。他号召每一位公民珍视新生的共和国。

就任总统后，华盛顿肩负起了组建联邦政府机构的责任，他广纳人才，把美国当时的精英都请进他的政府。面对内阁中存在的党派之争，他总是很冷静地以过人的智慧和处事艺术加以调解，平衡他们之间的利益纷争。显而易见，对于华盛顿而言，政治的纷争使他痛苦不堪，他渴望能够退隐，过一种自由而平静的生活。但在他第一任期结束时，所有的人们都强烈地希望他能后连任总统。为此，杰斐逊、汉密尔顿专门给他写信，请求他连任。经过一段激烈的思想斗争，华盛顿同意参加第二任的选举，当然，毫无悬念地再次当选总统。正是在他的带领下，刚独立不久的美国跨过了一次次的危机，渐渐走向了稳定，前途也一点点明朗起来，他为美国的稳定、强盛、发展打下了坚实的基础。

1797年3月3日，是他担任公职的最后一天，华盛顿终于等到了他期待已久的日子。为此，他举行了一次庄重而热烈的告别宴会，结束了他的公仆生活。在人们的惋惜、痛苦和眼泪中，华盛顿平静地离开了政坛，回到他向往已久的家园。他的退隐为美国总统的任期立下了不超过两届的先例。1799年12月13日，征战一生，功勋卓著的老人平静安详地走了。得知他去世的消息，举国哀痛，就连昔日战场上的敌人英国也为他的逝世鸣放礼炮20响表达哀悼。

伟人走了，但是他毕生奋斗、培植、呵护建立的美利坚合众国却稳固长存，尤其他所建立的民主、自由、独立的国家理念从此深入人心，甚至成为世界政治的前进方向。他那无以伦比的军人勇气，政治家的风范，至高的荣誉感和人格魅力将永放光彩，伟人不仅属于美国，他也属于世界。

【人物评价】

乔治是美国独立战争的组织者和领导者，他带领大陆军克服重重困难，战胜英国殖民者，赢得了美国的独立，众望所归成为美国第一任总统。他的一生将国家利益、民族利益置于个人得失与幸福之上，不贪恋官位，不畏惧权势，坚持倡导民主，排斥专制，他的精神与他所确立的原则在美国的政治生活中产生了深远的影响。华盛顿为美国的建立和国家的政治民主建设做出了卓越的贡献，无愧于美国国父的称号。

【知识链接】

华盛顿与美国独立战争

1774 年，华盛顿作为弗吉尼亚州的代表参加第一届大陆会议。英国政府在波士顿倾茶事件后关闭了波士顿港，还废除了马萨诸塞州的立法和司法权利。殖民地在 1775 年 4 月于列克星顿和康科特与英军开战后，华盛顿一身戎装出席第二届大陆会议——他是唯一一个穿军装的代表，他还请求带领弗吉尼亚民兵参战。马萨诸塞州的代表约翰·亚当斯推荐他担任所有殖民地的总指挥官，并称他拥有“担任军官的才能……极大的天份和普遍的特质”。华盛顿于 7 月 3 日在马萨诸塞州的剑桥担任了全殖民地军队的总指挥官。

华盛顿在 1776 年将英军逐出了波士顿，逼迫英军撤回加拿大的哈利法克斯。华盛顿接着率领军队前往纽约市，预期英军将发动攻势。英军于 8 月展开了攻势，并以绝对优势取得胜利。后来，华盛顿接连输掉了多次战役，美国革命的希望变得愈发模糊。终于，在 1776 年 12 月 25 日的晚上，华盛顿重整旗鼓，领导美军跨越特拉华河，突袭黑森雇佣军的兵营，取得

华盛顿故居——现在的佛农山庄

特伦顿战役大捷。紧接着在1777年1月2日的晚上突袭查理斯·康沃利斯率领的英军，这次奇袭振奋了支持独立的殖民地阵营的士气。

1777年至1778年的冬天，同样是大陆军在战况和士气上所经历寒冬，大陆军遭受了极大的战损，面临从未有过的困难。但华盛顿依然没有放弃，一边鼓舞士气，一边持续向后方的殖民地大会要求更多补给，使大陆军能克服寒冷的冬天，士气得到恢复。2月时军官弗里德里希·冯·施托伊本前来佛吉谷，自愿帮忙训练华盛顿军队，他曾服役于普鲁士军参谋部。为了提升他们的战斗力，施托伊本在佛吉谷的训练改进了战术和作战纪律，使得殖民地军的作战能力大为增强，这成了殖民地军得以摆脱乌合之众状态的分水岭。经过佛吉谷的训练，华盛顿的军队已然今非昔比了。

1781年，美军以及法国陆军和海军联合包围了康沃利斯在约克敦的军队，华盛顿迅速前往南方，接掌指挥美军和法军，继续围城战斗直到10月17日康沃利斯投降，10月19日，康沃利斯无奈投降。这场战役成了独立战争最后一场主要的战斗。1783年，《巴黎条约》签署，英国终于承认了美国的独立。

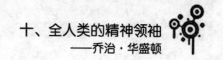

虽然就战术而言，华盛顿并没有高明的地方，对军事历史也影响甚微，而且在许多次战役中也出现多次失误，但他仍被捧为战争英雄，因为他所主张的革命概念，使得美国得以维持独立持续至今。华盛顿一直避免与英军发生正面冲突，避免了美军决定性的战败或投降。他熟谙美军的弱点，并阻止他们进行过于冒险的行动，他还巧妙利用他勇敢的人格魅力激励军队，使他们能撑过漫长而艰难的战争。

十一、毁誉参半的欧洲之王
——拿破仑

伟人语录

达到重要目标有两个途径——势力与毅力，势力只是少数人所有，但坚韧不拔的毅力则多数人均可拥有。它沉默的力量随着时间发展而至无可抵抗。

——拿破仑

人物简介

拿破仑·波拿巴（1769—1821），即拿破仑一世（Napoléon Ier），出生于科西嘉岛，法国近代史上著名的军事家与政治家，法兰西第一共和国第一执政（1799—1804），法兰西第一帝国及百日王朝的皇帝（1804—1814，1815）其统治下的法国，在近1/4世纪的时间里，曾经横跨西欧和中欧大陆，同时使得法国资产阶级革命的思想迅速地传播到更广泛的地方，深刻改变了欧洲的面貌。

驰骋战场，所向披靡

林中之狮，崭露头角

科西嘉岛，是位于意大利半岛西面的海岛。公元1769年，拿破仑就出生在科西嘉岛的阿雅克肖城一个意大利贵族家庭，父亲给他取名“拿破仑”，意大利语的意思是“荒野雄狮”。其名字在意大利的科西嘉语时为发音“拿布略内·博欧拿巴尔特”（Nabulione Buonaparte），后来才转变为法语发音的“拿破仑·波拿巴”（Napoleon Bonaparte）。科西嘉岛被卖给法国后，法王便承认拿破仑的父亲为法国贵族。在拿破仑9岁时，父亲卡洛波拿巴安排他到法国的布里埃纳军校接受教育。1784年，拿破仑以优异成绩毕业后，被选送到巴黎军官学校，攻读炮兵学。该校直属法国王室，教学的各个方面都是一流的。也就是在这拿破仑开始对炮兵学产生了兴趣。

拿破仑的父亲在他16岁时去世了，他放弃文科学校而进入军校。他用一年的时间完成了军校规定的3年学业，通过毕业考试被授予少尉军衔。在随部队驻防各地期间，他阅读了许多启蒙思想家的著作，渴望从中找到自由和平等的真理，并用所学到的各种知识武装自己，为科西嘉的解放做出贡献。大量的阅读和积累使拿破仑的事业逐渐开阔，投向更为广阔的世界，而其中卢梭的思想对他的影响尤为突出。1789年，法国大革命爆发后，拿破仑回到故乡科西嘉。当时随着国家形势的发展，科西嘉存在三种势力——革命派、保皇派和独立派，拿破仑加入了支持革命的雅各宾派，并在一个志愿军团中得到中校的地位，后因与科西嘉独立英雄巴斯夸·帕欧里发生冲突，拿破仑全家被迫于1793年6月逃回法国本土。但当时的法国形势也是变幻莫测。

1793年，24岁的拿破仑带领法国“革命政府”兵攻下了保王党的堡垒土伦，成功击败进攻法国以援助波旁王朝的英国舰队，于是他大受法国“革命政府”的赏识和倚重，年纪轻轻就被破格任命为准将，这在欧洲军事史上也属首例。1794年7月27日，雅各宾派的反对派突然发动政变，逮捕了罗伯斯比尔及其弟弟奥古斯丁等一些雅各宾领袖，而拿破仑由于和罗伯斯比尔兄弟关系密切也被逮捕调查，最后在被监禁了2周后，得以释放。两年后又因拒绝到意大利军团的步兵部队服役而被免去准将军衔。

直到1795年，法国严重动荡的政局和混乱的社会状况，愈加的严重，为了维护当局的统治，平定叛乱，时任巴黎督政官的巴拉斯重新起用拿破仑，拿破仑如同一只久困的猛兽，终于得以回归山林，在不到一天的时间里就成功平定保王党武装叛乱。拿破仑也在一夜之间荣升为陆军中将兼巴黎卫戍司令，还成了督政官巴拉斯的好友及作战部队独立指挥官的候选人。与此同时，他的社会地位也迅速地上升，他的前途开始一片光明。

挥师远征，第一执政

拿破仑不愧为一名出色的军事家，他对当时的军事知识研究的很透彻，善于将各种军事策略配合运用于实战中，尤其是主张将火炮集中使用，以及使骑兵的机动作用得到充分发挥。1796年3月9日，拿破仑与情人约瑟芬·博阿尔内结婚，而那时他刚刚被任命为法兰西共和国意大利方面军总司令，之后便匆匆奔赴前线。当时，法国刚刚建立，政权刚刚得到稳固，而欧洲一些老牌帝国如罗马、英国、西班牙等对法国的新政权感到不安，于是开始结成联盟以便打击法国。拿破仑属于意大利血统，虽然他是法国公民，但父亲却是意大利人。在意大利，拿破仑统帅的军队越过阿尔卑斯山，多次击退了奥地利帝国与萨丁尼亚组成的第一次反法同盟联军，最后迫使对方签署了有利于法兰西共和国的停战条约。这是拿破仑军事史上的杰作。

在取得意大利之战的胜利后，拿破仑的威望也越来越高，他被视为法兰西共和国人民的新英雄。而另一方面，他的崛起令当时的督政府感受到了威胁，而与此同时，拿破仑自己也感觉到了这种形势，便以开启法国向印度进攻的道路为由，上报称打算进攻埃及。于是，督政府任命他为法国阿拉伯埃及共和国军（东方军）司令，派往东方以抑制英国在该地区势力的扩张。由于拿破仑本人精通数学，对文学和宗教也很喜爱，加之受启蒙运动的影响非常大，还曾在数学方面创造过一个“拿破仑定理”。所以，在拿破仑的远征军中，除了2000门大炮外，还带了175名各行业的学者以及成百箱的书籍和研究设备。在远征中拿破仑曾下达过一条著名的指令：“让驴子和学者走在队伍中间。”

然而1798年远征埃及却是失败的，尽管拿破仑指挥法军在陆地上取得全盘胜利，但拿破仑的舰队在尼罗河之战中被英国的海军中将纳尔逊几乎完全摧毁，陆军部队也被困在埃及。1799年回国时，出征时的400艘军舰仅仅剩下2只小舰，原定侵略印度的计划被迫搁浅，人员损失惨重。此时的法国国内面临的形势是严峻的，欧洲的反法同盟逐渐形成，而督政府腐败无能，内耗严重，加上经济的极度困乏，使得法国的各个阶层极度不满。这时，保王党的势力开始在这种情形下渐渐上升，督政府显然已经没有足够的力量来平息各个阶层的愤怒情绪。人们也在急切盼望能有英雄执政，再现法兰西的荣耀。

1799年8月，拿破仑最终决定重返巴黎。10月，拿破仑回到了法国，人们心里的希望又重新点燃了，这个曾把法国国旗插上罗马神殿和金字塔的军人，被人们当作共和国的“救星”一样欢迎，此时的巴黎似乎都兴奋地膨胀了。同年11月，拿破仑发动了有名的“雾月政变”，21日晚，拿破仑入住卢森堡宫，成了法兰西共和国的第一执政。

执政府成立后，面对依然紧张的国内形势和严峻的外部压力，拿破仑进行了多项改革，涉及政治、教育、司法、行政、立法、经济等各个方面。其中最著名的《拿破仑法典》，就是那时制定的。拿破仑本人亲自参加讨论其中的很多条款，基本上采纳了法兰西共和国大革命初期提出的比较理性的原则。1804年，法典正式颁布实施，这使得法国大革命的成果从法律上得以稳固，并且长达一个多世纪的时间。不仅如此，法典还对德国、西班牙、瑞士等其他国家的立法产生了重要影响。政变结束后3周，拿破仑在向人民发布的公告中自豪地宣称：“公民们，大革命已经回到它当初藉以发端的原则。大革命已经结束。”

加冕称帝，雄霸欧洲

为了表彰拿破仑的功绩，法国议会曾在1801年通过了一项决议，将执政任期延长10年。然而，拿破仑的目标是终身执政。1802年8月，拿破仑修改了共和八年宪法，将任期改为终身执政。

1804年11月6日，经公民投票，共和12年宪法通过，法兰西共和国改为法兰西帝国，拿破仑·波拿巴也被选为法兰西人的皇帝，称拿破仑一世。同年12月2日是拿破仑的正式加冕日，他在教皇庇护七世把皇冠将要戴到他头上时，夺过来自己戴上，并且还亲自为妻子约瑟芬·博阿尔内加冕，以此表示他的权力至高无上，不受教会控制。一年之后，他又在意大利由教皇加冕为意大利国王。

拿破仑早在1803年时，就开始计划法国海军通过穿越英吉利海峡，进而侵略英国，他的战争性质也开始发生了变化，从最初的正义的自卫转变成为大资产阶级谋夺利益的非正义的侵略战争。为了侵略英国，他精心制定了相应的作战计划，同时在海军方面也提拔了一些有才能的指挥官。尽管如此，拿破仑本人对海战并不熟悉，制定的计划也有些缺乏实用性，加之英国人的顽强抵抗，战争最后以失败告终。法国在1805年的特拉法尔加海战中，海军几乎全军覆没，从此在海上再也无力与英国争霸。但是，拿破仑已经无暇去应对了，因为英国为了解海上之围，已经煽动奥地利和俄国等欧洲大陆国家组成了第三次反法同盟，拿破仑不得不放弃对英国的侵略计划。

1805年8月，奥地利、英国、俄国组成了第三次反法同盟，拿破仑于是在9月离开巴黎，举兵向东进发，于10月12日攻占慕尼黑。法兰西第一帝国和奥地利帝国在乌尔姆激战后，反法同盟投降。之后法兰西第一帝国又在拿破仑加冕一周年纪念日中以弱胜强，取得了奥斯特里茨战役的胜利，反法同盟再度瓦解，并且强迫奥地利帝国撤掉神圣罗马帝国的称号。随后拿破仑又联合了德国境内各诸侯国组成“莱茵邦联”，把它置于自己的羽翼之下。

次年秋天，第四次反法同盟成立，10月14日，拿破仑率军攻打普鲁士军队，同时，法国元帅达武也在奥尔斯塔向敌军发起攻击，普鲁士的军队几乎全军覆没，拿破仑因此收获了德国大部分地区。1807年6月法军又在波兰大败俄国军队，俄国沙皇亚历山大一世请求与拿破仑会面，双方签订了和平条约，在此前一年拿破仑颁布了《柏林敕令》，宣布大陆封锁政策，切断欧洲大陆与英伦的贸易往来。法兰西第一帝国在欧洲大陆得以奠定霸主地位。拿破仑同时兼任意大利国王、莱茵邦联的保护者、瑞士联邦的仲裁者，并将他的兄弟约瑟夫、路易、热罗姆分别封为那不勒斯、荷兰、威斯特伐利亚国王。

1807年末西班牙爆发内乱，西班牙国王遭到人民的抵制。拿破仑趁机入侵，并封其长兄约瑟夫·波拿巴（Joseph Bonaparte）为西班牙的国王。

当然，这个举动马上遭到了西班牙人的强烈抗议，在拿破仑棘手的时候，大不列颠及爱尔兰联合王国在1808年也介入此次争端，英军在不到一个月的时间里，登陆蒙得戈湾，占领了整个葡萄牙。之后他们取得了当地民族主义者的支持，终将法军伊比利亚半岛赶了出去。拿破仑发动的对西班牙的侵略战争对其政治生涯产生了难以回去的阴影，从此法军陷入了两线作战的苦境。

正当拿破仑身陷这场战争泥潭抽身乏力时，1809年初第五次反法同盟组成。奥地利帝国偷袭了法国在德国的领土，拿破仑被迫撤出西班牙的战场，亲自率军东征。法军五战五捷，于5月13日占领维也纳。随后，法军在阿斯珀恩－埃斯灵会战中大败，拉纳元帅阵亡，这是拿破仑亲自统兵以来第一次失败（虽然他之前也吃过少数败仗，但是那都不是他亲自指挥的），但是拿破仑凭着他那钢铁般的意志转败为胜，在瓦格拉姆战役中，法军取得了决定性的胜利，迫使奥地利签订维也纳和约，并再次割让土地。次年，奥地利公主玛丽·路易丝嫁给了拿破仑，法奥结成同盟，法兰西第一帝国达到巅峰。拿破仑开始雄霸欧洲大陆，与凯撒大帝、亚历山大大帝齐名。

暮光临近，无力回天

统治整个欧洲是拿破仑从没有放弃过的梦想，俄国是他在欧洲控制的空白，而且只有把俄国踩在脚下，才能为征服英国铺平道路。当然他也预见了攻打俄国的后果，但是他狂妄的野心使他杰出的军事才能大打折扣。1811年末，法国和俄国的关系恶化，次年5月，拿破仑亲率大军远征俄罗斯，遭遇俄军坚决抵抗。虽然法军一路取得胜利，但是代价也很巨大。1812年9月7日法军历经博罗迪诺战役（法军有3万人阵亡和重伤）后，即将进入莫斯科。拿破仑本以为亚历山大一世将会投降，然而迎接他的却是莫斯科全城的大火。即将来临的寒冬季节，俄罗斯全民抵抗，和此时在国内的马莱将军策划的一场失败的政变，令他不得不赶回法国。俄罗斯的严寒，神出鬼没的俄国追军和游击队使不可一世的拿破仑也胆怯了，战死或者冻死的法军不计其数，最后回到法国的仅剩不到 3 万人。从此，让整个欧洲都战栗的大军仿佛到了垂暮之年，英勇不再。此后，法兰西第一帝国元气大伤，无法逆转的衰落让法国面对整个曾经臣服的欧洲愈加地力不从心。

见到拿破仑在俄国战场惨败，亚历山大觉得应趁机马上组织大军，彻底打败法国，以称霸欧洲，但是在追击法军的残兵败将时，自身也伤亡惨重，因此亚历山大一世决定组成反法同盟。当然，拿破仑也在设法阻挠反法同盟的成立，他通过瑞典王妃黛丝蕾，邀请其夫瑞典王储贝尔纳多特加入法国的阵营，但是最后失败了。他同时立妻奥地利公主，路易丝皇后为帝国摄政王以牵制奥地利。但是 1813 年，第六次反法同盟在大不列颠爱尔兰联合王国、俄国、普鲁士和奥地利帝国的联合下成立了，双方在德国境内展开多次激战。虽然法军取得了多次胜利，但是拿破仑面临的压力却是越来越大，短暂停战后，随着奥地利倒入反法同盟时，联军的实力已经超过了拿破仑。

战火继续在欧洲燃烧，8 月，拿破仑在萨克森王国的首都德累斯顿指挥了一场防御战，并取得了胜利，但由于骑兵短缺，战果有限，此后法军在德意志境内屡屡受挫。在莱比锡战役中，拿破仑再次战败。在败退途中，法军遭到联军的重大打击，只剩 5.6 万人的残兵败将。莱茵联邦不久就解散了。联军得以向法国开进。1814 年，反法同盟统一停战，但条件是法国归还 1790 年后侵占的领土。拿破仑无法接受这样的侮辱，他重新组织军队再战，然而此时拿破仑的实力已经和联军相差悬殊。

1 月 29 日，拿破仑在布伦纳城（布里埃纳城）指挥军队大败普鲁士军队，恢复了自莱比锡战役以来低落的士气。2 月份，拿破仑指挥法军在尚波贝尔，蒙米赖，夏托蒂埃和沃尚等地接连取得胜利，但是他在战略上错误地将进攻力量分散，导致联军通往巴黎的路畅通无阻。

1814年3月31日，同盟军占领巴黎，要求法国无条件投降，拿破仑退位。拿破仑提出让他的儿子以拿破仑二世的名义继承皇位，但是被拒绝。1814年4月11日，拿破仑宣布无条件投降，两天后在巴黎枫丹白露宫签署了退位诏书，法兰西第一帝国覆灭。拿破仑退位后，本人被流放到位于地中海上的厄尔巴岛。虽然拿破仑保留了“皇帝”的称号，可是他的领土只局限在那个小岛上。

拿破仑在去往厄尔巴岛的路上屡遭暗杀，他自己也试图自杀。而路易十八回到法国，重新成为法兰西王国国王，波旁王朝复辟。拿破仑的妻子和儿子则被奥地利人软禁。还有传闻说拿破仑将被流放到大西洋上的一个小岛，但不管怎样，拿破仑别无选择。他仍然对法国的时局密切关注，同时，军队和人民对路易十八为首的法国贵族的剥削忍无可忍，几乎都认为拿破仑才是他们真正的君主。拿破仑认为复辟的时机到来，在1815年2月26日逃出小岛，率领不到1000名士兵于3月1日回到法国。那些被派来阻止他的法国军队转而支持拿破仑。拿破仑一路发表演讲，承诺自己不再向外扩张，取消专制统治，而是改为君主立宪制，确保人民的自由。国王屡次派兵堵截，但是所有军队一见到皇帝就阵前倒戈。康巴塞雷斯、达武、马雷、内伊、苏尔特等文武大臣又重新回到了他的身边。3月20日拿破仑回到巴黎，此时他又拥有了自己的军队，路易十八逃跑，百日王朝开始。

但是好景不长，第七次反法同盟在短时间内迅速组成，同盟军有70万人，法国却只有他们的1/4兵力。拿破仑分析了形势，利用少数兵力牵制，重点打击在比利时的英普联军。他在6月6日率军北上比利时，决定攻占布鲁塞尔。6月16日，拿破仑取得林尼战役的胜利，但是由于法军行动迟缓，使得拿破仑歼灭敌军的计划落空。1815年6月18日，滑铁卢战役打响。拿破仑在占据上风的形势下，由于缺少援军，最后惨败收场。而随着这场战役的失败，百日王朝彻底坍塌。

拿破仑失败后，法国人民及他的部下都强烈要求他专政，解散逼他退位的议会。但是，此时的拿破仑意识到他已经被资产阶级抛弃了，拒绝发动人民抗争。随后，拿破仑宣布退位，他被英国人粗暴地流放到圣赫勒拿岛。拿破仑登岛后，暂住在一个英国商人家里，后来在自己的龙坞德庄园过着平凡的生活。

1821 年 5 月 5 日，拿破仑在岛上去世。3 天后，这位征服者在礼炮声中被葬在圣赫勒拿岛上的托贝特山泉旁。直至今日，拿破仑的死因还是个迷，他去世后 9 年，新的奥尔良王朝迫于人民的压力，将拿破仑的塑像重新竖立在旺多姆圆柱上。1840 年，拿破仑的遗体被接回。同年 12 月 15

击败拿破仑的英国将领威灵顿

日，拿破仑的灵柩被运回巴黎，在经过凯旋门后安葬到位于塞纳河畔的老残军人退休院（即荣誉军人院）。

【人物评价】

拿破仑是一名出色的军事家，他一生亲自参加的战役达到60多个，而其指挥的多个战役，直到今天在军事史上依然有重要意义。虽然拿破仑曾经叱咤风云数十载，但是他的功绩是短暂的，在他退位后，法国的疆域很快又恢复到他执政前的样子，拿破仑的戎马生涯对之后的欧洲历史并没有重大影响。唯一能让他载入史册的，是由他本人下令编撰的《拿破仑法典》，这部法典是很多现代民主国家法律体系的原型。

除此之外，拿破仑也是最早提出欧洲合众国构想并试图通过武力来实现的人。虽然他本人并未成功实现这个梦想，今天的欧洲正在朝向一体化的目标迈进。

【知识链接】

永恒的丰碑——拿破仑法典

这部法典早在1800年由拿破仑任命的民法起草委员会开始编撰，到1803年完成，次年公布实施。内容包括民法、民事诉讼法、商业法、刑法以及刑事诉讼法，确认了私有财产不可侵犯、法律面前人人平等、男女享受同等继承权等。把大革命自由平等、自然理性的思想用详细且通俗易懂的形式规定下来，奠定了现代市民社会法律体系的基础。

法典的颁布，不仅将资产阶级革命的成果用法律的形式加以稳固，还终结了当时法国法律体系混乱的现状，而且随着拿破仑权力的扩张，同样也深刻地影响了欧洲其他国家的法律体系。甚至在欧洲以外的加拿大、埃及、玻利维亚等国，也都曾经以《拿破仑法典》作为自己立法改革的蓝本。迄今为止，这部只有436页的法典在经历了两个皇帝、3个帝国和4个共和国之后，一半以上的法律规定依然有效。

“战场上的所有胜利都随着滑铁卢一战的失败烟消云散，但人们永远不会忘记我的那部民法典。”在圣赫勒拿岛上被囚禁的岁月里，拿破仑对编写《圣赫勒拿岛回忆录》的作者如实说。

十二、为自由而战的“解放者”
——玻利瓦尔

玻利瓦尔

伟人语录

最完美的政府制度是那种能够提供最大的幸福、最大的社会安全和最大的政治稳定的制度。

——玻利瓦尔

人物简介

西蒙·玻利瓦尔（1783—1830），19世纪南美殖民地民族独立战争中最为重要的领导人，也是整个拉丁美洲反抗殖民统治的革命运动中最杰出的领袖之一。由于他在南美五个国家脱离西班牙的殖民统治过程中的贡献，人们称他为“南美的乔治·华盛顿”，同时，为了向这位功勋卓越的革命者表达敬意，他被授予了“解放者”的光荣称号。

上天赐予南美的“救星”

天堂里生活，地狱里战斗

1783年7月24日，玻利瓦尔出生在委内瑞拉加拉加斯城的一个西班牙血统的贵族家庭，他的父亲是个大地主、大资本家，拥有大片种植园和1000多名奴隶，还经营着金矿、糖厂、房产以及呢绒商店等。与其他地主资本家一样，他的家庭既压制人，又是被压制者。他们压榨、剥削、奴役奴隶，过着富足的生活。而另一方面，他们在政治上、经济上又遭到西班牙殖民者的歧视和压制。所以，这些土生地主资本家对推翻殖民统治，挣脱殖民枷锁有着迫切的希望。

玻利瓦尔9岁的时候，父母双亡。在一个也叫西蒙的家庭教师和黑人保姆的呵护下成长为一个史无前例的革命者，在他成长过程中，法国启蒙运动的思想和观念对他产生了深刻的影响，他熟读约翰·洛克、卢梭、伏尔泰和孟德斯鸠等哲学家的著作，还对拿破仑的才能和创造的战争神话钦佩不已，但是他却无法接受拿破仑的称帝，认为那是一种野心，并以此告诫自己。1799—1806年，玻利瓦尔先后在西班牙、法国、意大利等国家留学，吸收了进步的革命思想，如法国资产阶级革命就影响了他以后的生活道路。甚至在1804年，他还特地去巴黎参加了拿破仑的加冕礼，并成为拿破仑的随从官。1805年，玻利瓦尔在罗马的阿旺丁山顶立下了著名的誓言：只要祖国一天不从西班牙统治下获得解放，他就要奋斗一天。后来，他回到祖国，便立刻投身于反抗殖民统治、争取民族独立的斗争中去。

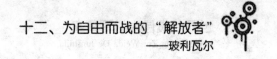

1808年，拿破仑·波拿巴攻入西班牙，任命他的胞弟为西班牙国王。这在很大程度上给南美殖民地争取政治独立提供了良好的时机。1810年西班牙设在委内瑞拉的总督被解职，反对西班牙统治委内瑞拉的革命从此拉开序幕。1811年玻利瓦尔成长为革命军的一员将领。但是翌年，委内瑞拉又处在了西班牙军队的控制下。革命领袖弗朗西斯科·米兰达被捕入狱，玻利瓦尔则逃往国外。随后几年又爆发了一系列的战争，胜利来得总是很仓促而短暂。但是玻利瓦尔的决心从未动摇过。

终于，转折在1819年出现了，玻利瓦尔率领他的由平民组成的军队，对哥伦比亚的西班牙军队发起了进攻，在这场具有决定意义的波亚卡战役中大获全胜。而后，委内瑞拉于1821年获得解放，1822年厄瓜多尔解放。与此同时，阿根廷爱国主义者何塞·圣马丁使阿根廷和智利摆脱了西班牙的统治。1822年夏，这两位享誉南美的"南北巨子"在厄瓜多尔的瓜亚基尔相会。会谈的第二天与第三天，没有任何第三者参与。因此，也只有他们两个知道会谈的内容。可是，会谈结束后，玻利瓦尔未对此作任何透露，日后也未作任何回忆，而圣马丁也同样保持沉默。所以，这次秘密会谈成了历史上一个永远解不开的谜。1824年玻利瓦尔带领部队解放了现在的秘鲁。1825年彻底歼灭了驻守在上秘鲁（今日的玻利维亚）的西班牙军队。

相形之下，玻利瓦尔后来的生涯不免有些平淡。他对美国的榜样的印象很是深刻，渴望建立一个新南美洲民族联邦政府。事实上当时委内瑞拉、哥伦比亚和厄瓜多尔已然形成了一个联邦——大哥伦比亚共和国，玻利瓦尔任共和国总统。可惜在南美的离心趋势显得更为明显。1826年玻利瓦尔召开泛美会议时，与会的国家只有4个。显然，大哥伦比亚共和国缺少吸引成员的引力，而这个共和国很快就开始解体。内战也开始爆发，

1830年委内瑞拉和厄瓜多尔脱离了共和国。玻利瓦尔认识到自己是和平的负担后，随后宣布辞职。他被迫离开了故土委内瑞拉，同年12月病逝于卡塔赫纳。

战功赫赫，功勋不朽

玻利瓦尔于1810年参加并领导了委内瑞拉独立战争，两年后，委内瑞拉第一共和国成立，玻利瓦尔因在战争中的杰出表现而成为领导人之一。1812年第一共和国失败后，他又重新组织力量，继续投身哥伦比亚解放斗争。1813年，他率领革命军建立了委内瑞拉第二共和国。他号召人民起来反抗："向可恨的奴役者宣布一场决死战！"但不久之后，第二共和国再次失败。玻利瓦尔不得不流亡于牙买加、海地等国家，以寻求支持。经过两个月的准备，1816年3月，玻利瓦尔率领部队，从委内瑞拉北海岸的奥里诺科省登陆。这次登陆，玻利瓦尔抱着必胜的决心，鼓舞战友们将殖民者彻底驱逐出去，他对战友说："我们不仅要解放委内瑞拉，还要解放新格兰纳达（现在的哥伦比亚）、厄瓜多尔、秘鲁等被西班牙人奴役几百年的地区。我相信，只要南美大陆上的人民团结起来，就一定能够取得最后的胜利。"经过激战，玻利瓦尔的部队损失很大，这次袭击又失败了。之后，玻利瓦尔为了赢得黑人的支持，宣布废除奴隶制，号召全体黑人起来为争取自由而斗争。同时，他还决定，将西班牙王宫和反动派的财产没收，并分给革命军战士土地，取消印第安人的人头税并保证分土地给他们等。这些措施赢得了社会各阶层的拥护，革命斗争的队伍不断壮大。战略战术上，玻利瓦尔也进行了改进，他们不再与敌人硬拼，而是把部队引入了较为偏僻的奥里诺科河流城的东部地区，战争开始变得有利起来。

1818年10月，委内瑞拉第三共和国成立了，现在的革命爱国军队已今非昔比，社会的各个阶层都极力拥护，并积极参与了抗击殖民军的斗争，就连草原牧民也组成抗敌队伍，与他们并肩作战，战斗力大大提升了。玻利瓦尔无比激动，信心大增，他决心坚决推翻殖民统治，尽早赢得国家的独立与自主。早在欧洲留学时立下的誓言：“不打碎西班牙殖民者束缚我的祖国的枷锁，我的心将不安宁。我的手将不倦地打击敌人!”依稀响在耳畔，而此时此刻，胜利已然在前方招手了。

1819年5月，玻利瓦尔率领2000名革命军，准备对新格兰纳达地区的西班牙人发起袭击，并占领这个地区。但委内瑞拉到新格兰纳达之间的通道早已被西班牙军队占领，玻利瓦尔只好率军在荒无人烟的崇山峻岭中探路。战士们的行军条件十分恶劣，随处隐藏着危险。革命军由平原初到山地，不少人产生了高原反应，更有不少士兵为了社会的独立、人民的富强，贡献出了他们宝贵的生命。历经困苦，终于翻过了安第斯山，在新格兰纳达的一片高原谷地上，他们发现了敌人，玻利瓦尔立刻组织战士们向敌人发动突袭，结果大获全胜，玻利瓦尔乘胜追击，立刻进军波哥大，双方展开了艰苦的鏖战。最后，玻利瓦尔终于取得胜利，占领了波哥大，解放了哥伦比亚地区。接着，玻利瓦尔率军回攻委内瑞拉，像飓风般横扫委内瑞拉全境，西班牙军望风而逃。玻利瓦尔把军队开进首都加拉加斯，全国解放。委内瑞拉解放后，玻利瓦尔又挥师南下，与厄瓜多尔的西班牙军队进行了英勇奋战，大败殖民军，革命军占领了首府基多城，厄瓜多尔也宣布解放。至此，南美洲西北部地区全部解放。玻利瓦尔意识到，应该建立更为坚固的革命阵地。1819年12月，新格兰纳达、委内瑞拉、厄瓜多尔共同成立了“大哥伦比亚共和国”，玻利瓦尔当选为总统和最高统帅。不久，革命军又多次出兵，将委内瑞拉和厄瓜多尔境内的殖民军的残余势力彻底清除，彻底解放了南美洲北部地区。

大哥伦比亚共和国建立以后，玻利瓦尔继续致力于抗击殖民军的斗争。秘鲁当时是西班牙势力最为顽固的地区，为解放秘鲁，他率军经过艰苦的战斗，以巨大的代价与西班牙军队进行了殊死战斗，终于在1824年解放秘鲁全境。秘鲁东部（又叫上秘鲁）被玻利瓦尔解放以后，为了纪念这个国家的解放者，就以他的姓氏玻利维亚来给国家命名。自此，西班牙在南美长达300年的殖民统治宣告终结。

推翻了西班牙殖民势力之后，玻利瓦尔主持制定了委内瑞拉、大哥伦比亚、玻利维亚等国家的宪法，确立了新的国家体制。玻利瓦尔主张共和，反对任何形式的君主政体。玻利瓦尔为消除殖民主义和封建主义势力，采取了一系列措施：废除殖民时期的王室法庭，设立国家最高法院和地方法庭；反对教会参与国家政治，主张教会与国家政权分离。玻利瓦尔受美国《独立宣言》的影响，提出了不受财产限制给公民以平等的、民主选举的权利。

玻利瓦尔一生参加的战役，大大小小共472次，为南美洲人民的解放立下了汗马功劳，也为世界人民抗击殖民侵略树立了榜样，提供了借鉴。

【人物评价】

玻利瓦尔是南美独立运动的杰出领袖，其在整个解放运动中的作用与贡献可以与法国的拿破仑、美国的华盛顿齐名。但是，一方面玻利瓦尔是个雄心勃勃的野心家，“明白地表现了独裁的倾向，这反映着他们特权阶级的背景”，他思想专横，行为霸道，会利用职权独断专行；另一方面玻利瓦尔在面临抉择时，愿意将民众的民主和利益放在更为重要的位置上，不断放弃已经握在手里的独裁权力。他无愧于拉丁美洲独立运动的伟大领袖，是有远见的新兴资产阶级的代表，其政治思想具有重大意义。

玻利瓦尔在国家政体上坚持反对联邦制，主张实行中央集权制，考虑建立总统等官员的终身制。玻利瓦尔的这种国家学说是符合当时的历史条件的。中央集权的实行为独立战争的胜利提供了保证。中央集权制是民主制度的一种形式，与君主制有着根本区别，更何况在当时，中央集权制更有利于巩固新兴国家的独立及其民主制度。有人这样高度评价玻利瓦尔力主的中央集权制：“一种考虑社会现实和民族特点的民主制度。”

西蒙·玻利瓦尔纪念堂，位于哥伦比亚圣玛尔塔

在独立主义时期，玻利瓦尔曾主张拉美各殖民地在取得独立和自由时，应注重合作和团结，为此他曾设想建立一个统一的“美洲联盟”。这也是玻利瓦尔重要的政治主张之一。在当时的历史条件下，它作为一种理想没有变成现实，可是它对于战胜西班牙殖民军和取得独立具有重大的历史意义。

此外，很多人将玻利瓦尔和乔治·华盛顿加以比较。玻利瓦尔像当年的华盛顿一样指挥着战斗力贫弱的军队，又缺少资金，军队往往需要一位能鼓舞士气的领袖才能有战斗力。和华盛顿不同的是，玻利瓦尔在有生之年解放了他所有的奴隶。此外他通过发表宣言和制订宪法条款，为在他所解放的国家里消灭奴隶制进行了积极的斗争。

【知识链接】

玻利瓦尔与圣马丁

从1810年至1826年，西属拉丁美洲殖民地掀起了波澜壮阔的独立运动，并最终赢得了民族独立。在这场独立战争中，拉丁美洲涌现出了两位杰出的民族英雄——玻利瓦尔和圣马丁。

西蒙·玻利瓦尔是委内瑞拉、哥伦比亚、厄瓜多尔、秘鲁等地独立战争的主要领导人。他出生于委内瑞拉一个土生白人家庭，青年时代曾到西班牙、法国留学，深受法国启蒙思想家的影响。1807年玻利瓦尔回到加拉加斯，积极从事反对西班牙殖民统治的斗争。他参加并领导了1810年和1813年两次委内瑞拉独立起义以及第一和第二共和国的建立，均遭到失败。1816年，流亡在外的玻利瓦尔组织了一支远征军重新打回委内瑞拉，并于1818年宣布成立了第三共和国。同年2月，他率军解放了波哥大，并建议联合委内瑞拉和新格拉纳达组成了大哥伦比亚共和国，玻利瓦尔当选为总统。

圣马丁是南美洲独立战争中的另一位重要领导人。他出生于一个西班牙军官家庭，颇有军事才能。1812年阿根廷发动起义后，圣马丁先后担任革命队伍中一个骑兵团的指挥和北方军司令。当时西班牙军队的主力在秘鲁，圣马丁认识到南美各地的独立斗争是联系在一起的，只有彻底消灭殖民军才能赢得整个拉丁美洲的独立。为此，他组织训练了远征军，翻越安第斯山，于1818年2月解放了智利。接着，他筹建了一支海军，于1820年在秘鲁登陆，并于第二年解放了秘鲁。但是当时殖民军的主力尚存，为彻底赢得独立，圣马丁决定与玻利瓦尔会晤，共商破敌大计，由于两人意见相左，圣马丁主动离开南美，远走法国。在客居法国期间，圣马丁继续在报纸上、议会中揭露西方对南美的殖民政策。他死后，1878年阿根廷政府将他的遗骸运回，安葬在布宜诺斯艾利斯大教堂的荣誉墓穴。圣马丁离开南美后，玻利瓦尔完成了最后解放秘鲁的事业，1824 年 12 月，由秘鲁、智利、阿根廷和大哥伦比亚等国组成的联军，在阿亚库巧战役中，取得了对西班牙军队的决定性胜利。1825 年，上秘鲁宣布独立，为了纪念玻利瓦尔，这个国家命名为玻利维亚。1826 年 1 月，据守在秘鲁卡亚俄港的最后一批西班牙军队投降。这样，加上 1804 年独立的法属殖民地海地，1822 年独立的葡萄牙殖民地巴西以及脱离西班牙统治的墨西哥和中美洲，整个拉丁美洲最终赢得了独立战争的最后胜利。

十三、缔造红衫传奇的英雄
——朱塞佩加里波第

伟人语录

在我们那页灿烂的历史中，将添上更加关荣的一页，而且奴隶们最后将会用自己身上的镣铐锻冶成锋利的宝剑，把宝剑亮给他们自由的兄弟们看。

——加里波第

1861 时的加里波第留影

人物简介

朱塞佩·加里波第（1807—1882）是个意大利军人，民族英雄。他一生投身于意大利统一运动，亲自领导了许多战斗，是意大利建国三杰之一（另两位是撒丁王国的首相加富尔和创立青年意大利党的马志尼）。曾率领千人“红衫军”为祖国统一立下不朽的功勋。他对南美洲及欧洲的贡献，为他赢得了“两个世界的英雄”的美誉。

戎马一生，勇创奇迹

锋芒初露，有勇有谋

1807 年 7 月 4 日，朱塞佩·加里波第出生在撒丁王国的古城尼斯，父亲乔瓦尼·加里波第是一名船长，母亲罗萨·雷蒙迪是一个心地善良的劳动妇女。幼年的加里波第虽然家境并不富裕，却十分勤奋好学，对罗马史很感兴趣，并酷爱狩猎和冒险。与加里波第是同乡的马塞纳元帅曾是拿破仑的部下，追随拿破仑南征北战，建立很多军功，他的经历和业绩对年幼的加里波第产生了深远的影响。

那时的意大利北部被奥地利统治，而南部的两西西里王国则控制在西班牙手里，中部则隶属教皇国的辖地。国家分裂的现状和外族的殖民统治，阻碍了意大利资本主义的发展，也给意大利人民带来了深重的灾难。国家的前途和同胞的命运深深地牵动着年轻的加里波第的爱国心，他决心奋起革命才能拯救意大利，将祖国从外国的统治中解放出来。1833 年，他加入了秘密革命组织“意大利青年党”。翌年，他又参加了意大利的海军起义，但被奥地利总督破获，起义失败。加里波第被迫流亡巴西避难。

到达南美洲后，他被那儿的意大利移民当作英雄来欢迎，也就是在这里，加里波第积累了丰富的军事经验。当时，一个叫迭戈·安东尼奥·费由的神父执政巴西，他奉行独裁但很注意维护国家统一。巴西最南部的州南里奥格兰德州，有大约 28 万平方公里的土地，移民很多，经济比较发达，素来有分离倾向。加里波第到达巴西时，正值该州以反独裁为由，在大地主本多·孔卡维斯·席尔瓦·平托的领导下宣布独立。

孔卡维斯的军事策略大都来自意大利革命党人蒂托·赞贝卡里，加里波第认为这场斗争是正义的，予以热烈支持，并参加了巴西南部共和主义者的起义。他指挥“马志尼”号炮船帮助起义军。1839 年 4 月 17 日，加里波第在帕托斯湖上的一个据点，率 14 名战士奇迹般地击退了 10 倍于己的敌军进攻，显示出过人的胆略和军事才能，也为他赢得了巨大声望。这一连串胜利使孔卡维斯有些飘飘然，贸然远征卡塔林纳，结果使共和国的力量大大折损。四年后孔卡维斯被巴西一支骑兵队俘虏，加里波第也被迫流亡乌拉圭。

而那时的乌拉圭与阿根廷正处于战争状态。1843 年，乌拉圭首都蒙得维地亚被阿根廷军队包围，当时城中仅有 42000 多居民，欧洲移民占了绝大多数，意大利人约有 4200 人。以防阿根廷军队会杀光城内居民，所以各国侨民都组织起来武装自卫。4 月 1 日，法国志愿军率先成立，意大利人紧跟其后，成立了 700 人的志愿军团，由戴维·瓦卡雷扎指挥，加里波第也是其中的创始人。由于意大利军团在最初的战役中频频受挫，蒙得维地亚当局不得不请加里波第出山指挥军队。加里波第上任后对军团进行了大刀阔斧的改组，将黑色军旗上增加了正在喷发的维苏威火山图案，以此来激发战士们为自由而流血牺牲的决心。当时，军团的军服是从一家肉类加工厂弄来的屠夫工作服，起初，加里波第对这种红制服很反感，但很快就喜欢上了它，“绯红色的上衣，配上一条色彩鲜艳的小领巾，显得十分潇洒”。当地居民见到身穿红色衣服的意大利军队，就亲切地称他们为“红衫军”，这也就是后来威震欧洲的红衫军团的雏形。

面对敌军越来越紧的包围，意大利军团反攻获胜，并占领了巴拉那河上游的萨尔托城，这让阿根廷独裁者罗萨斯恼羞成怒。9 月 20 日，他命大将乌尔圭扎率军夺回该城。乌尔圭扎猛攻萨尔托三天三夜，伤亡惨重，终没能攻下，另一方面，加里波第又不断派兵出击，元气大伤的乌尔圭扎只好撤退。1846 年 2 月 7 日，双方在圣安东尼奥又展开一场大战。当时，共和国派阿纳克莱托·梅迪纳将军的 500 骑兵增援萨尔托，加里波第亲率一连步兵（186 人）和一连骑兵（100 人）到距城 7 里的圣安东尼奥去接应。不料走漏了消息，途中被阿军包围，阿军为了生擒加里波第，投入了大量兵力，但加里波第镇静自若，命部下隐匿在一片废墟里固守，凭借有利地形，挺立旷野中的阿根廷士兵身无遮挡，成了加里波第的活靶子。加里波第率意大利军团忍饥挨饿，血战一个昼夜，杀敌无数。当时因为缺水，很多伤员的创口甚至连血都流不出来，但没有一人投降或逃跑。这支昔日被人嘲笑轻视的军队已被加里波第训练为一支骁勇善战、意志顽强的劲旅。天黑后，意大利军团终于成功突围，与梅迪纳的骑兵汇合后胜利返回城内。

加里波第虽然战功赫赫，但却疲于应付内部的权力之争。梅迪纳嫉妒他的才能和成绩，处处与他作对。加里波第以大局为重，一再忍让，可是为军团的将来着想，他不得不开始考虑出路。1848 年前后，意大利本土的革命运动正如火如荼，割据一方的各封建王国也意识到统一将是大势所趋。此时正值新教皇庇护九世登基，各种政治势力频频动作，革命运动风起云涌。于是，加里波第决定率领意大利军团起程回国。

红衫军团，破土发芽

1847 年，报国心切的加里波第率领部队登上“希望”号返回意大利，积极投身到反对奥地利的独立战争中。抵达尼斯后，加里波第受到故乡人民的热烈欢迎。当时奥军处在不利的国际形势下，革命形势非常有利，他以军团士兵为骨干，招募志愿者组成了一支 1000 人的军队。然而，在强敌围堵、孤立无援的险恶情况下，志愿军虽然辗转奋战，顽强杀敌，最终还是失败了，但却激起了意大利人民更加高涨的革命热情和决心。1848 年，罗马人民起义，教皇庇护九世的统治宣告结束，罗马共和国诞生。庇护九世不甘心失败，向欧洲天主教国家求援。法国、奥地利、西班牙等国代表西班牙加埃塔举行会议，制定了武装干涉罗马共和国的计划。千钧一发之际，加里波第从南方赶来增援，在罗马保卫战中发挥了至关重要的作用。尽管加里波第频频获胜，但共和国领导集团却对他十分猜疑，委派罗塞利为罗马城防司令，罗塞利在军事上毫无建树，却对加里波第的正确指挥处处干预，结果给了敌人以喘息的机会，不久就卷土重来。7 月 3 日，罗马大部分地区被占领，共和国寿终正寝，加里波第本人只好第二次流亡美洲。

19 世纪中叶的意大利，撒丁王国是惟一独立的具有较强实力的君主立宪制国家，在首相卡米洛·加富尔的精心辅佐下，已经成为实现意大利统一的唯一希望。1854 年 5 月 7 日，时刻关注着祖国的前途和命运的加里波第重返热那亚，在撒丁国王维托里奥·埃马努埃莱二世的支持下，组建起一支精锐部队——“阿尔卑斯山猎人兵团”。1859 年 5 月，意大利第二次独立战争爆发，法国联合撒丁王国对奥地利开战。加里波第亲率这支猎人兵团深入敌后，屡战屡胜，大大减轻了正面战场的作战压力。然而，法国联合撒丁王国对抗奥地利只是出于私利，它并不愿意看到自己的身边出现一个强大而统一的意大利。因此，拿破仑三世在难以控制意大利革命局势时，便暗地里与奥地利签订了“维拉弗兰卡”协定，第二次独立战争就此结束。

尽管第二次独立战争半路夭折，但意大利统一的趋势已经无法阻止。1860 年 4 月，意大利最顽固的封建堡垒——西西里王国发生人民起义，加里波第得到了千载难逢的机会。他决定组织志愿军去支援当地人民，彻底摧毁那里的封建统治。考虑到加里波第的声望，兼顾到政治利益，撒丁王国对这次远征表示支持，但为了避免麻烦，却没有给他一兵一卒。加里波第于是自己招募了1000多名志愿军，义无返顾地去完成被加富尔认为是“疯子的事业”，这1000多人的军队就是历史上著名的“千人远征军”。加之这支队伍全部身穿红色军服，又被称为“红衫军”。

大业终铸，功成身退

两西西里王国是意大利最古老的王国，土地辽阔，人口近千万，那不勒斯是它的首都。国王弗朗切斯科二世虽然统治专横、荒淫无能，手下却拥有一支10万人的军队。敌我力量相差如此悬殊，加里波第只能依靠高昂的士气和巧妙的战术。5月10日，加里波第率“红衫军”在西西里岛南部的马尔萨拉登陆。在当地的群众热情拥戴下，不久以后队伍就壮大了几倍。加里波第明智地决定以骑兵和精锐的热那亚宪兵为先锋，直攻首府巴勒莫。这一招大大出乎守岛司令兰迪将军的预料，只好仓促命令部队死守城池，但起义也在巴勒莫全城爆发。守军在内外交困之下，无奈投降。7月，西西里岛全部解放。

胜利的风很快刮到了那不勒斯地区，那里的人民也纷纷响应，期盼加里波第远征军的到来。8月，加里波第举兵北伐，各路游击队积极配合，在不到12天的时间里就占领了两西西里王国的大片领土。9月7日，那不勒斯沦陷。10月1日，临时政府宣告成立，加里波第被热情的人民拥立为两西西里国家的元首。但以大局为重的加里波第并没有选择接受，而是出人意料地将两西西里交给了有能力实现意大利民族统一大业的撒丁王国。11月7日，加里波第陪同埃马努埃莱二世进入那不勒斯，不久埃马努埃莱正式加冕为意大利国王，意大利离统一近在尺咫。1870年7月，普法战争爆发，法国被迫将驻扎在罗马的军队撤回，教皇国顿时失去了军队的庇护。意大利王国的军队和加里波第的志愿军趁机攻入，于9月26日占领了罗马，废除了教皇的世俗政权。至此，意大利的民族统一大业终于得以实现。

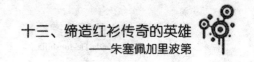

加里波第是意大利三次独立战争中的杰出代表，也是举世公认的近代资产阶级革命军事家。他身经百战，所向披靡，为他的祖国意大利和整个人类建立了卓著的功勋。在战争中，他指挥若定，多次创造以少胜多的奇迹，取得了辉煌的战绩，为意大利统一大业做出了巨大贡献，也为自己赢得了威信和声望。然而令人意外的是，身披无数荣耀的加里波第却在此刻选择了退隐，辞掉了所有官职，一直隐居在卡普雷拉岛，过着平静而清苦的田园生活。他还多次拒绝政府的补助，直到晚年因经济拮据到不得不出卖自己的勋章时，他才勉强地接受。

1882 年 6 月 5 日，加里波第在卡普雷拉岛的家中告别了这个世界，享年 75 岁。意大利举国陷入悲恸，整个世界也为之动容，人们以各种方式缅怀这位伟大的时代英雄。直到 19 世纪 80 年代，在他的墓碑两侧每天还有意大利海军战士持枪守卫。

【人物评价】

加里波第终生都在为意大利的复兴和统一事业奔走和战斗，后人因此把他与马志尼、加富尔并称为意大利民族复兴大业中的三杰。他把 1000 万意大利人从法国波旁王朝的暴政下解放出来。他一生指挥过无数次战役，失败次数寥寥无几。有人称赞他“具有英雄的品格，是战争的天才。”法国文豪维克多·雨果说过：“我不想出口伤人，但我要说句真话，在所有为法国而战斗过的将军中，只有加里波第一人是战无不胜的。”马克思也对他做过这样的评价：“不仅是勇敢的领袖和卓越的战略家，而且还是足智多谋的统帅。”

意大利海军中以加里波第名字命名的轻型航空母舰

【知识链接】

红衫军

19世纪中叶，意大利在近代一直是个分崩离析的政治实体，没有形成像英、法那样的民族统一国家。到19世纪上半期，意大利共存在8个邦国和地区，其中只有西北部的撒丁王国处于意大利人的萨伏伊王朝统治下。东北部的伦巴第和威尼斯地区，是奥地利帝国的一个总督辖区。中部的三个小公国——帕尔马、摩地纳和托斯坎那的最高统治者是奥地利人，并以依附性的条约同奥地利联系在一起。中部是由罗马教皇实行世俗统治的教皇国。1848年欧洲革命中，罗马曾建立共和国，教皇庇护九世一度逃亡，但共和国因遭到法国的武装干涉而失败，教皇重新建立政权，法军从此驻于罗马。南部的两西西里王国则处于西班牙波旁王室的专制统治下。西班牙对殖民地一贯采取的高压政策，让西西里人民再也不堪负重，1860 年，两西西里人民受北方形势的影响，纷纷起义，使意大利统一运动再次出现高潮。西班牙派出大量军队进行镇压。

富有传奇色彩的加里波第闻讯，便在当地组织了由资产阶级民主派支持的“千人志愿军”。这些志愿者身穿红衬衫，缀有绿色镶边和白色带子，因此被人们亲切地称为“红衫军”。加里波第带领红衫军乘坐“皮蒙特”和“巴伦底”号轮船登陆，于5月初南下远征两西西里，所向披靡，很快占领了两西西里王国首都那不勒斯。击溃西班牙驻军司令兰兹率领的数万军队，并逐步解放了西西里岛，为意大利的统一清除了阻碍。

十四、军人一世，天赋将才
——格兰特

伟人语录

一个人的命运是神秘莫测的，我虽然受过军事教育，可决没有想去获得军衔，但是我却获得了陆军的最高军衔。我当然没有兴趣或野心参与政治，但我竟然两次当选美国总统。

——格兰特

已任美国总统的格兰特将军

人物简介

尤里西斯·辛普森·格兰特（1822—1885），美国军事家，内战结束后，成为美军历史上第一位上将，军衔高于华盛顿。1869 年—1877 年先后担任两届美国总统。他是美国历史上第一位从西点军校毕业的总统。在美国南北战争后期任联邦军总司令，屡建奇功。1846 年—1848 年参加了美墨战争。他领导指挥的维克斯堡战役的胜利是美国内战的一个转折点，其勇敢、果断、灵活、快速的作战方式成为美军机动进攻的典范。1864 年被任命为联邦军总司令。1867 年—1868 年担任临时陆军部长。尽管格兰特战功赫赫，但政绩却差强人意。在第二次总统任期内，由于他对南方奴隶主妥协让步并姑息纵容贪污腐化的属员，引起了选民的普遍不满。格兰特卸职后曾周游世界，在政治上的最后努力也没有成功。晚年从商失败，抑郁而终。

战场得意，政治失意

马背上的童年

1822 年 4 月 27 日，格兰特出生在美国俄亥俄州的一个小业主家庭。格兰特的祖先是英国人，早在 1630 年迁往美国，居住在今天的马萨诸塞州。到格兰特父亲一代，全家已移居到俄亥俄州普莱曾特角，格兰特的父亲杰西·鲁特·格兰特是一位皮革商人。母亲汉娜·辛普森出身自农场主家庭，父亲给他取名为海勒姆·尤利塞斯·格兰特，取自希腊神话《奥德塞》中大英雄奥德修斯的名字。次年全家又搬到该州的乔治敦镇，格兰特的童年就是在这个地方度过的。

少年时期的格兰特，热爱劳动和喜欢承担家务，对于拖运木材，开垦和耕种土地，把农产品运回家里或到市场去卖这样的农家活，都能处理得有模有样。格兰特从小就对马情有独钟，慢慢地他在养马、驯马的过程中学会了骑马，尤其善骑烈马，这在当时的同龄人中绝无仅有。不过，他在学校里的表现却很平凡。格兰特长大后对自己的名字不太满意，于是就把教名与中间名倒过来，改为尤利塞斯·海勒姆·格兰特，后来又自作主张地把他的母亲婚前的姓辛普森加了进去。1839 年夏天格兰特到西点军校报到，却发现自己的全名已变成尤利塞斯·辛普森·格兰特。当时军校规定不能随便改动姓名，所以格兰待为了避免麻烦，未作更正。这也是美国历史上出现“第一个两度易名的总统”的由来。

格兰特身材不高，但很结实，个性温和而腼腆。但马背上的他却充满了矫捷勇猛的气概，与他平日里的表现判若两人。他的高超骑术为他在西点军校博得了“超级骑手”的称号。不过这位“超级骑手”并不喜欢唱歌、跳舞之类的文娱活动，据说他在西点的4年里，从来没有参加过当时闻名遐迩的西点舞会。除了骑马之外，读书是他最大的爱好。他在自传中说，他之所以选择进这所军事院校，初衷就是为了多学点知识，以便将来从事教学工作。但是，他的学习成绩一般，他的毕业成绩在全班39人中排名21位。他要求分配到骑兵部队，但当时的骑兵部队没有军官职位缺额，这位骑手只能被分配到第四步兵团，军衔少尉。

回归战场，如鱼得水

第四步兵团驻扎在密苏里州的圣路易斯，格兰特的妻子朱莉娅·博格斯·登特就是在那里认识的。朱莉娅的父亲是当地的一名法官，他对女儿的婚事并不满意，但朱莉娅对格兰特却誓死相随，5年后终成眷属。

1846年，美国对墨西哥发动侵略战争，格兰特所在的第四步兵团奉命南下作战。格兰特认为这是一场非正义的战争，并不情愿，但他在扎卡里·泰勒将军（后来出任第十二届总统）的指挥下，作战表现的也还积极。泰勒将军是个不拘小节的人，对部下比较随和，这些作风对格兰特颇有影响。1847年，格兰特所在的部队划归温菲尔德·斯科特将军指挥，斯科特也是一位美国历史上的名将，格兰特一直追随他到1848年战争结束，参加了实战，表现也很勇敢。在此期间，格兰特已由少尉晋升到中尉，后被派往西部继续服役。这场战争丰富了格兰特的作战经验，他也因此结识了许多南方将领，这对他以后在南北战争中指挥作战很有好处。

1848 年，格兰特在圣路易斯与朱莉娅结婚，婚后朱莉娅随军生活。1852 年夏天，格兰特的部队调防到加利福尼亚。到达西海岸后，格兰特先后在加利福尼亚州和俄勒冈州驻防。1853 年 8 月格兰特晋升为上尉。由于远离妻儿，加之军营生活单调乏味，格兰特自然地像当时的大多数低级军官那样解酒消愁，后来终因酗酒受到训斥，他主动递交了退伍申请，获准以上尉军衔退役。1854 年 8 月，格兰特回到圣路易斯与家人团聚，此后 4 年他靠岳父所给的 80 英亩土地务农维持生计。在此期间，他的妻子又为他添了一女一子，微薄的农场收入和沉重的家庭负担，使得格兰特开始另谋生计。1858 年他弃农与人合资经营房地产，但很不成功。1860 年 5 月他举家迁到伊利诺斯州加利纳，在他父兄经营的皮鞋厂内谋了个活计。这是格兰特最黯淡的时期，但不久曙光就到来了。

直到美国内战爆发，格兰特终于得到了证明自己的机会。虽然当时的北方军界对这个贪杯的酒鬼不以为然，但他仍然积极地投身到战争中去。1862 年 9 月，格兰特被破格提升为志愿军陆军准将，他率军攻占了田纳西境内南方军队的亨利堡和唐纳尔逊堡，表现勇敢，态度坚决。唐纳尔逊战役是联邦军队在内战中的第一次大捷，格兰特还因此获得了“要敌人无条件投降的将军”的称号，闻名全国。与此同时，东部战场的北军情况却很不乐观。当林肯听到这个消息后，很兴奋当即提拔格兰特为少将。

不久，格兰特奉命进攻南军的维克斯堡要塞，这和葛底斯堡战役一并成为了这场战争中最重要的战役，也是他一生最为重要的一次战斗。维克斯堡要塞位于密西西比河上，斩落地位不言而喻，控制了维克斯堡就等于控制了整条密西西比的交通控制权，其战略价值极大。而南军方面自然对这样重要的军事要地严防死守，格兰特率部连续出击，都没有拿下。于是他改变了策略，以围困代替主动进攻，终于在 1863 年 7 月攻下了这个战略位置极为关键的城市。至此，北军将整个密西西比河流域牢牢控制，南方军队则被迫分割为两半。

之后格兰特毫不松懈继续推进，在查努罗加再次击败南军，逼近了乔治亚州的边境。查塔努加位于田纳西州境内，是重要的交通枢纽和战略中心。这时格兰特名扬全国。1864 年 3 月，林肯把格兰特召到华盛顿，任命格兰特为联邦军队总司令，并授予他陆军中将军衔。这在当时的美国属于至高无上的荣誉。格兰特就任联邦军队总司令后，对南军制定了“分而歼之”的战略原则。1864 年，格兰特率部队主力南下，与李将军率领的南军主力在弗吉尼亚展开殊死较量。几次交锋，格兰特都不是李将军的对手，尤其是科尔德港一战，格兰特在极短的时间里就损失了七千多士兵。但由于格兰特得到了林肯无条件的支持和充足的补给，可以在失败后马上就能重整继续进攻。

到了 1865 年，李和格兰特在阿托克马展开了最后的战斗，李的波托马克军团已经无力抵抗格兰特，最终投降。双方在互相尊重的气氛中签署了协议。格兰特不但答应敌军可以有条件地获释回家，而且还接受李将军的请求，允许南军保留战马，格兰特的宽宏大量，赢得了南北方人民的普遍赞扬。最终，南北战争以北方胜利和美国重获统一而宣告结束，格兰特也因其突出贡献而被历史牢记，成为统一全国的英雄。

步入政坛，有心无力

1869 年 3 月 4 日，46 岁的格兰特凭着战争期间带来了巨大威望作为共和党候选人，赢得了总统选举，成为美国第十八任总统。

格兰特当政之初，国内渴望改革的人们对这位超越政治的总统寄予了厚望，他试图对当时的文官制进行改革。但是格兰特在这个问题上的处理好坏参半，格兰特在 1870 年提交国会的年度咨文里，敦促制定改革立法，最后由两院联合做出决定，授权总统成立一个委员会，为文官制定新规则。委员会推荐各类竞争性考试作为取得各级文官职务的必要条件，并敦促取消政党对工资的核定。格兰特下令于 1872 年起实行这些规则，但国会却在经费上予以为难，导致该委员会不能有效地推行这些规则。最后，只有少数政府部门采用了某些规定，分赃制在格兰特的任期内终没能得到彻底改革。

此外，如何处理南方叛乱诸州政治地位成为格兰特面临的最大问题。内战结束后，南方诸州都由激进的共和党人控制。他们呼吁将公民权和选举权赋予自由民。1860年后期，激进的共和党人在南方多次被民主党人所击败，民主党一方拒绝给予自由民任何权利。

格兰特在组织内阁和安排亲友的问题上，同样犯了一系列的错误。他选择退出政坛20年的汉密尔顿·菲什为国务卿，此举实在令人费解。他选拔的三任财政部长，有的不合法，有的是贪污犯，有的是行贿受贿能手，唯一优秀的战争部长约翰·罗林斯却英年早逝。此外，格兰特任人唯亲的做法，也引起人们的极大不满。以前，格兰特在家族中一向不被重视，甚至被嘲笑和排挤，但他当选总统后便被奉为至尊。一些曾经嘲笑他的亲友，现在却反过来到他这里谋个一官半职。格兰特委任他的妹夫詹姆斯·凯西为令人羡慕的海关税务官，他的妹夫却趁机谋取私利。格兰特夫人的家人朱莉娅·登特则掌管了就业管理局的大权，明目张胆地收受贿赂。登特家族的其他几名成员，也是通过格兰特的帮助，在公共机构占据要职。格兰特的两个儿子，分别在军队和银行担任重要职位。在格兰特任职期间，其他方面的丑闻也是不胜枚举。

当然，格兰特的总统生涯也并非毫无政绩。内战后政府的财政捉襟见肘，他仍力主大赦“叛乱”者，加大财政投入，重建饱受苦难的南方，并给南方各州带来了一定程度的政治民主。外交上，他执行“中立政策”，以便集中精力处理国内事务，当时正值美国工业革命时期，美国的制造业和石油业都得到了显著的发展。另一项成就是，在南方建立了黑人和白人同校的公立学校。

格兰特1877年卸职后，开始了他环游世界的旅程，在3年多的时间里，游遍了英格兰、比利时、德国、瑞士、意大利、丹麦、法国、埃及、巴勒斯坦、挪威、俄罗斯、印度、暹罗（泰国）、中国和日本。他还想在政治上东山再起，争取三连任的努力失败后，格兰特在纽约定居，并与人合伙开办一家金融公司，以破产告终，经商也失败了。

1844 年始，格兰特为《世纪杂志》撰写战争回忆录。尽管遭受着喉癌病痛的折磨，格兰特仍然与马克·吐温签订协议，公开出版他的回忆录。格兰特用他生命中的最后几个月，描述着那场终生难忘的战争。1885 年 7 月 23 日，就在完成个人回忆录最后清样校对不到一周的时间内，尤利西斯·辛普森·格兰特病逝于纽约避暑胜地阿迪朗达克的麦克雷格山。

格兰特死后，为了纪念这位历史人物，1987 年美国政府花费 600 万美元，建造了格兰特将军国家纪念堂。然而纪念堂下埋葬的并不仅仅是格兰特一人，而是尤利塞斯·辛普森·格兰特和他的妻子朱莉娅·登特·格兰特。他的坟墓静静地躺在曼哈顿区的哈得逊河畔。墓碑上刻有他那句有名的格言："让大家安享和平"。

【人物评价】

格兰特酗酒成性，毫无气质，打过不少败仗，政治上更糟糕，但他依然是美国历史上最伟大的将军之一。在整个南北战争期间格兰特的表现被视为富有政治胆识，意识到废奴和黑人武装的重要，善于整体把握战争，指挥坚决果断，不惜代价地主动采取进攻来消灭敌方的有生力量，破坏了敌方的战争潜力。他为内战北方的胜利做出了卓越的贡献。在重新统一美国这一历史性的贡献上，他的作用仅次于林肯总统。

然而，他总统生涯却政绩平平，甚至被贬损为美国最腐败的总统，但也做出了一些成绩。

内战后政府的财政捉襟见肘，他仍力主大赦"叛乱"者，加大财政投入，重建饱受苦难的南方，并给南方各州带来了一定程度的政治民主。外交上，他执行"中立政策"，以便集中精力处理国内事务，当时正值美国工业革命时期，美国的制造业和石油业都得到了显著的发展。另一项成就是，在南方建立了黑人和白人同校的公立学校。

【知识链接】

南北战争

18 世纪独立战争后，美国建立了联邦制，由资产阶级与种植园奴隶主联合执政。不过南北两地仍然存在两种制度：南方在种植园经济的基础上发展着黑奴制，而北方则发展了资本主义的自由雇佣制。

到 19 世纪中叶，这两种对立的经济制度之间的矛盾发展到了不可调和的地步。南部奴隶制度成为美国社会经济发展的主要障碍。1860 年，以呼吁维护联邦统一、反对奴隶制扩张而著称的林肯当选美国第 16 届总统。南方奴隶主感到大权旁落，于是开始制造分裂，蓄意发动叛乱。1861 年初，南方各州脱离联邦，成立“南部各州同盟”，定都里士满。4 月 12 日，南方叛军炮击联邦军驻守的萨姆特要塞，公然挑起国内战争。4 月 15 日，林肯被迫宣布南方为叛乱州，征召 7.5 万名志愿军，为恢复联邦统一而战。

战争开始后，无论在人口、工业生产、财政金融、交通运输、军事力量，还是政治上，北方均占有绝对优势。然而战争初期，联邦军队却频频失利。这是因为南方军队有备而来，取得了主动权，更是因为林肯政府将最敏感的奴隶制存废问题搁置一边。1861 年 7 月，在离华盛顿 40 公里的马那萨斯城发生第一次会战，联邦军被人数较少的南方军击败，华盛顿几乎失守。此后，群众举行了示威游行，要求解放奴隶，分给农民土地，挽救危局。

1862 年 9 月 23 日，林肯发表预备性的《解放宣言》。消息传到南方后，成千上万的奴隶逃往北方。英国工人阶级也展开了支持北方的运动，迫使英国政府放弃了原来的干涉计划。同时林肯调整了军事领导机构，实行统一指挥，任命有卓越军事才能的格兰特为全军统帅。

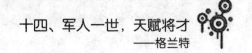

1863 年，北方在军事上出现转机。同年 7 月 1 日的葛底斯堡大捷，成为内战的转折点，战争的主动权转到北方军队手中。1864 年，北方最高统帅格兰特采用新的战略方针：在东、西两线同时展开强大攻势。东线以消耗敌人力量为主要目标，西线用强大兵力深入敌方腹地，切断“南部同盟”的东北部与西南部的联系。

1864 年 9 月，西线谢尔曼将军麾下的北军一举攻下亚特兰大。两个月后，北军开始了著名的“向海洋进军”，彻底摧毁了敌人的各种军事设施，沉重地打击了敌人的经济力量，使南方经济陷于瘫痪状态。在东线，格兰特将军统率北军把敌军逼到叛乱“首都”里士满附近。1864 年 11 月，林肯以绝对多数再度当选总统，南方败局已定。1865 年初，奴隶纷纷逃亡，种植园经济濒于瓦解。北方海军实行的海上封锁，几乎断绝了南方与欧洲的贸易。同时，在南方内部也出现反对派，许多小农加入“联邦派”，从事反战活动。南方逃兵与日俱增，粮食及日用品匮乏。1865 年 4 月 3 日，联邦军队攻克里士满。1865 年 4 月 9 日，南军罗伯特·李将军的部队陷入北方军队的重围之中，被迫向格兰特投降。美国南北战争以北方的胜利而告结束，美国恢复统一。

十五、五星上将——马歇尔

伟人语录

“一名真正伟大的将领是能够克服一切困难的战士。战斗、战役无非是一系列需要克服的困难而已。一个真正的将领不论面对何种的困难，都能够展现才华，反败为胜。”

——马歇尔

马歇尔

人物简介

马歇尔全名乔治·卡特莱特·马歇尔（1880—1959），是美国著名的军事家和政治家，陆军五星上将。马歇尔 1901 年毕业于弗吉尼亚军校，参加过第一次世界大战。从 1924 年夏到 1927 年春末，在美军驻天津第 15 步兵团任主任参谋。1939 年担任美国陆军参谋长，在第二次世界大战中，他帮助罗斯福出谋划策，坚持先攻纳粹德国再攻日本，为美国在二战的胜利作了不可磨灭的贡献。

运筹帷幄，决胜千里的五星上将

早年求学——刚毅勇敢，英雄出少年

19 世纪 80 年代的最后一天，在宾夕法尼亚州的尤宁敦，美国一代五星上将马歇尔出生了。马歇尔是他们家 3 个孩子当中年龄最小的。马歇尔童年时十分顽皮和淘气，经常被他父亲批评教育。他的父亲是参加过美国南北战争的老战士，虽然美国统一却一直留有一个遗憾——自己未能成为一名军官，所以，他十分期待着马歇尔能继承他的军旅生涯，并在军中某的一官半职。

维吉尼亚军事学院在 1897 年的 9 月份迎来了不满 17 周岁的马歇尔——这名美国未来的五星上将。这里与西点军校大不相同，因为从这里毕业的学生未必能在美国陆军中某的职位，成为陆军军官。所以，这里的教育只有想方设法的把从这里走出的毕业生培养成水平超过西点军校的优秀佼佼者，在军队中成为拥有更大潜力的军人。马歇尔刚入校时不慎患了风寒，不久后痊愈。自从他踏入校门后，很快就赢得了全校高年级学员们的敬重。那时，新生经常被高年级的学长进行虐待。在学长们虐待人的方法中最拿手的一项方式就是坐刺刀：他们在地板上刀尖朝上地立起刺刀，并命令新生蹲坐在刀尖上。坐在刀尖上面的新生必须恰到好处地压住刀尖而不使刺刀倒下，同时又要避免蹲得太重而使臀部刺痛。刚刚从风寒中痊愈的的马歇尔由于力不支而倒在地板上，刀尖深深地刺入了他的臀部，导致血流不止。这时如果马歇尔向校方告发，那么肇事者肯定会被开除，但马歇尔却一直保持缄默，而校方对此事也是睁一只眼闭一只眼，唯一的表示是在校门口公告栏中张贴公告：马歇尔因伤需要休息 3 天。此事之后，新生马歇尔威名大振，学长也通过此事宣布：从这一天起将决不再侮辱这个勇气超人的“北方佬”。马歇尔坚忍不拔、顽强不屈的品格伴随着着他度过了短短的 4 年军校学习生活，也将伴随他一生的军旅生活。

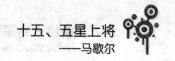

经过不懈的努力和奋斗，马歇尔终于在 1901 年的 9 月，以优秀的成绩毕业。他的院长希普将军认为马歇尔：“他将会远远超过西点军校的一般毕业生。如果有一天乔治马歇尔能够被任命为美国陆军的军官，他的前途一定会扶摇直上。”

马歇尔在 1904 年的 2 月 3 日，郑重而庄严地宣誓效忠祖国。从此他成为了一名美国陆军的少尉。

一战之中露峥嵘——恪尽职守，始于足下之行

美国再也忍受不住德国的嚣张气焰，终于在 1917 年的 4 月 6 日向德国宣战。美国作为协约国一员，加入了持续 3 年之久的第一次世界大战。陆军第 1 步兵师被塞伯特将军组建，参谋部临时中校衔参谋由马歇尔担当。陆军第 1 步兵师被编制在潘兴将军指挥的远征军内，首当其冲登陆法国。

马歇尔在法国的前线，作为一名师参谋部的参谋，他的任务不仅仅是向师指挥所及时汇报前沿阵地的情况，还要检查和部署给养状况，并维持部队士气。他一丝不苟地执行任务，大部分的时间都是在前沿阵地的战壕里摸爬滚打。他经常独自一人徒步巡查阵地。因在此任务中的卓越表现，马歇尔被任命为临时上校，调入了设在萧盟的远征军总参谋部。

德国在 1918 年的 11 月战败投降。潘兴——这位美国的远征军总司令成为了美国人民和欧洲人民的英雄，收到了追捧。马歇尔也因这次任务的出色完成，调动到这位总司令的身边，当他的左膀右臂。

二战之中显神威——冷静慎思，众望所归

第二次世界大战爆发了后，美国人并没有马上加入战斗，国内也分为主张全力避免战争一派和主张积极参战一派。争执不下之时，马歇尔将军深思熟虑后认为，无论愿意如何，美国必将被卷入无情的战争。作为美国陆军参谋长的马歇尔，只有积极备战做好万全的准备。他十分支持罗斯福总统的援英战略，认为美国人参加战争的准备时间是由英国人不正端手段取出来的。

日本在 1941 年的 12 月 8 日，发动了偷袭珍珠港的军事行动。由此，太平洋战争爆发了，美国也被卷入这场纷争中。珍珠港被偷袭一事，牵连了许多军队的领导人，使他们受到了处罚。马歇尔虽然也因此事遭到发难，但却没有任何人愿意撤换他，也都同意了他的美国参战的建议，同时也保住了马歇尔在美国陆军中的地位。他为了适应战争的需要，在上任不久后便对军队实行了整顿，并提出了一份建议退役军官的名单。

美英两国在 1942 年初，约定登陆北非，打击德军。马歇尔将这次的军事行动代号定为“火炬”，并积极进行着各项准备。艾森豪维尔将军被指派为盟国北非远征军总司令，全权指挥这次战役。他还与与艾森豪维尔商讨这次战役的细节，决定让乔治·巴顿指挥美军特遣队在卡萨布兰卡附近登陆，并推荐奥马尔·布莱德雷推荐给艾森豪维尔将军。

美国和英国两国的联合参谋长召开委员会。1942 年 7 月下旬，他们在伦敦拟定“火炬”作战的详细方案。这次讨论在罗斯福和邱吉尔的干预下，经过长时间的争论，于 9 月达成一项折衷方案：确定在阿尔及利亚的奥兰和摩洛哥的卡萨布兰卡以及阿尔及尔 3 处于 11 月 8 日同时登陆。

11月8日，美英盟军按预定方案实施“火炬”登陆作战计划，并成功登陆。在经历5个月的激战后，盟军终于在1943年的4月9日，集中优势兵力发动了总攻。英军的第8集团军按照从南向北的方向进行突击，美英联军按照自西向东的方向发动进攻。这次战斗，经过18个昼夜，终于在5月7日攻占了比塞大港和突尼斯城。这次战斗中，德意军队的25万士兵走投无路，被挤压在一起，最终于5月13日投降。

美英两国在美英盟军成功登陆北非之后，就开始考虑下一步的主要战略行动了。在1943年1月14日至24日，罗斯福与丘吉尔在卡萨布兰卡率两国军事首脑举行会议，商讨军事战略问题。马歇尔将军极力主张从法国北部攻入欧洲大陆，横渡英吉利海峡，但丘吉尔不同意。此次会议未能就此作出决定，并将进攻西欧的计划推迟。这次会议最终决定最近的作战目标为在西西里登陆。

盟军在1943年7月10日在西西里登陆，并于次月中旬占领西西里岛，之后向意大利本土进军，不久便逼进罗马，并在纳粹控制的欧洲取得了立足之地。可是盟国的决策者们和一般的公众在想到欧洲光复时，只是着眼于法国、荷兰、比利时等国，以及德国本身，而不是把焦点集中在地中海一带。因为大家都知道，英美联军只有成功横渡英吉利海峡，并在法国登陆后，这场战争的最后的绝地大反攻才算正式开始。马歇尔也正是基于这一正确而简单的思考，一直主张摒弃对其他因素的考虑，一心想着尽可能早地渡过英吉利海峡，然后尽全力全力消灭德军。

罗斯福、丘吉尔和斯大林于1943年的12月，在德黑兰会议上最终商定：1944年5月由美国和英国军队在法国北部诺曼底地区登陆，代号定为“霸王”。那时人们都会认为，指挥“霸王”战役的盟军最高司令一定是马歇尔将军，他已是众望所归之人。

此时，虽然美国的战线极长，但由于身处华盛顿的马歇尔的得力指挥，了解各路人马的需求、状况、配备等，使他们协调有致，不断地为美军的胜利创造绝佳良机。

罗斯福本是十分坚定地让马歇尔指挥欧洲战役。他曾在致潘兴将军的一封信中说："我们打算让马歇尔指挥这场战争中最大的作战行动——"霸王"行动。我个人认为他将要承担的不仅是美国，而是欧洲战场所有的指挥，如此一来，这不仅仅是关系到某一个地区。另外，他将同英国三军参谋部就一切事宜进行商讨。再有，我认为如果不能给乔治一个亲临前线统兵作战的机会，对他来说实在是太不公平了……我为我的所作所为最好的解释就是：我希望马歇尔能够成为二战中的另一个潘兴……"虽然罗斯福在信中这样提到，但最后还是同意了潘兴将军的看法。这位身卧病榻的老将军在给总统的信中说："我们的这场战斗离结束之日尚远，我们是在经历着一场全球性的战争，所以参谋长一职要由最成熟的军官担任，如此才能明智地把握战略的方向。正如明达的军界一致认为，马歇尔将军正是众望所归。假设把他调往某个地区作战，那么无论这战场看上去如何重要，都将使我们失去这样一位深谙战略的参谋长而悲痛惋惜……"

虽然马歇尔能够极其出色地指挥欧洲战役，但却无人能够替代马歇尔任美国的全球军事行动指挥者，而且能够指挥的如此绝妙。罗斯福听了潘兴的建议，最终马歇尔还是留在了陆军参谋长的位置上。

美英军队在1944年的6月6日，于诺曼底登陆。美军将领认为英军最高指挥官蒙哥马利想主导战斗，双方矛盾重重。只有站在战胜敌人的最高立场上的马歇尔，不偏不倚地处理着各种矛盾，以使盟军齐心协力。他不断协调着美军与友军的关系，不断地提醒着艾森豪维尔说，不要忘记"蒙哥马利差不多是英国唯一的英雄"，所以不要和他找麻烦。

另一方面，太平洋战场上，麦克阿瑟将军一路杀回菲律宾群岛，并不断地向参谋长要人要物，而海军却是千方百计地不让菲律宾吸引马歇尔的注意。如此一来，马歇尔急需说服其他成员，承认菲律宾群岛是合理的目标，应给予人力物力的相应支援，而对麦克阿瑟，又要让他了解，要从全局出发，他的要求不可能每次都满足。在中国战区，马歇尔因为司令官史迪威将军对中国的蒋介石和东南亚英军司令蒙巴顿蔑视而不恭，口出妄言，只好忍痛将他革职。

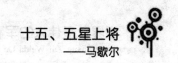

马歇尔在战争中清楚地看到，在抗击法西斯的战争中，美军并非孤军奋战。他意识到必须倚重、倚靠甚至倚赖友军，才有可能取得最后的胜利。因此，在欧洲战场上，他一直要求艾森豪维尔遵循他的指示，同友军保持良好关系，打败德军，赢得胜利。

在欧战的最后阶段里，美军的一些将领要求赶在苏军攻占柏林之前将其攻陷，蒙哥马利和丘吉尔也坚决反对放弃柏林，他们认为这等同于把一个大胜利白白丢掉了。但清醒的马歇尔没有被即将的胜利冲昏头脑，顶住了这股压力。在他看来，柏林的放弃完全是一种军事决策。杜鲁门总统刚刚上任，在罗斯福总统刚刚去世之际，他必须以军人的方式进行思考，做出符合军事逻辑的决策：由苏军攻占柏林。马歇尔和艾森豪维尔都不曾忘记，苏联现在还是西方的盟友。“是的，我认为我们当时不应该攻占柏林。”马歇尔后来这样写道，“需要记住的是，那时的我们正在努力和俄国人打交道。他们同我们一直并肩作战。有了他们，我方武装部队的组成又多了一份稳定。战争中，他们起到了极大的作用。我们都要对所有这些好好加以考虑……”

马歇尔经过第二次世界大战的洗礼，他出色的表现帮助他在 1944 年的 12 月受领五星上将军衔，成就了他的辉煌一生。

【人物评价】

作为人类史上的一次重大灾难，第二次世界大战无疑给人类带来了最惨痛的教训。但同时，它也是一段见证诸多奇迹的历史。作为战争的组织者、调度者，所承受的压力与艰辛，所付出的才干、精力和决心都是难以想象的。“时势造英雄”，只有在这样的环境下，才显现出马歇尔极为出众的全球战略眼光以及非凡的组织领导能力的英雄的卓越。

第一次世界大战的经历，对于马歇尔来说无疑是他今后军事生涯中的一笔宝贵财富。而纵观二战，在全局的判断，对事物的思考，马歇尔的战略眼光无疑是二战中无人可及的。世界大战刚刚结束的时候，马歇尔接到英国首相丘吉尔的信，心中这样写道："在如此殚精竭虑的战争中，您的宏伟魄力和英勇精神使我始终怀有钦佩之情，正是这种精神的魄力，使得战友们在艰危之际的获得真正的慰藉，而我能够成为这些被公认的您的这些战友之一为荣。"

杜鲁门在马歇尔将军的葬仪上也曾说道："马歇尔是这一时代伟人中的伟人，我由衷地希望，马歇尔能当我跨入另外一个世界时收留我当他的部下，以此使我我得以有机会向他努力报答他曾为我们所做的一切。"

【知识链接】

"五星上将"军衔的由来

马歇尔曾经有过被封为"大元帅"军衔的经历，但他对此一直持否定的态度。真正的原因是他出于对自己的恩师——潘兴将军的崇拜敬仰之情。他认为"陆军五星上将"和"陆军六星上将"这类的军衔很可能会超过潘兴将军所独有的"陆军特级上将"的军衔。对潘兴极度崇拜的他不愿自己的军衔超过绰号为"铁锤"的潘兴将军。马歇尔认为只有潘兴才是美国当代最伟大的军人。

后来，马歇尔曾这样解释道："我对晋升什么的一点也不感兴趣，我不需要这样。虽然英国方面的陆军参谋长早已晋升为陆军元帅，无论如何他都比我的军衔高。我认为自己不需要它。我只想到国会去时，能够穿上干净的衬衫。现在的军衔已经使我可以得到所有我想得到的了。但是有些人完全曲解了我，他们说我不同意的原因是我不喜欢这个军衔的叫法。这种想法我根本就不曾有过。"

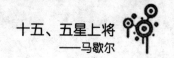

马歇尔认为，战争年代中的晋升军衔是不必要的，甚至说是令人难堪的。他认为晋升他和阿诺德将军的军衔，将使得他们的前辈潘兴将军的军功不能得到合理的褒奖和应有的尊敬，不久后，马歇尔将这一观点向第一次世界大战中的同事们表达了出来。

马歇尔谦让军衔的这一举动，赢得了举国上下的盛誉，但提升军衔是形势所需。1944 年的 9 月，晋升五星上将这个问题又缠扰马歇尔和陆军部长史汀生了。而对海军一直情有独钟的罗斯福总统这次一定要让国会通过这一法案，史汀生也只好于 9 月 3 日表示了同意。为了安抚潘兴及其朋友们的情绪，不至于过分反感，史汀生和陆军副参谋长写出了一份用词巧妙的决议，他们商议将五星上将军衔取名为“陆军五星上将”，这样就有了五星上将这一军衔。

十六、五星上将，完美巅峰
——艾森豪威尔

艾森豪威尔

伟人语录

我不能容忍那些把一切与他们见解不同的人都称作共产党的极右分子，我也不能容忍那些高呼我们其余的人都是残酷的贪财牟利之徒的极左分子。

——艾森豪威尔

人物简介

德怀特·戴维·艾森豪威尔（1890—1969），美国第34任总统，陆军五星上将。在美军历史上，艾森豪威尔是一个充满传奇色彩的神奇人物。他曾获得很多个第一。在美军的10名五星上将中，他是晋升最快的，他的出身最为贫困，他是第一个在美军统率最大战役行动人，他是北大西洋公约组织盟军的首位最高统帅。在众多美军退役高级将领中，他是担任哥伦比亚大学校长的第一人，他也是美国惟一的一个成为总统的五星上将。

半生传奇，终身荣耀

出身寒门，披上戎装

1890 年 10 月 14 日，艾森豪威尔出生在美国德克萨斯州的丹尼森。他有 6 个兄弟，但因为家境贫寒，都没有机会接受高等教育。他后来进入西点军校学习，也不是完全凭个人兴趣，也不是父母的安排，更多的是因为当时的西点军校可以免费入学。他的母亲素来向往和平，不希望自己的儿子将来走上戎马生涯，但又不便阻拦。19 世纪末期美洲的局势很紧张，战事不断，从军战斗对于血气方刚的年轻人来说，也是一件神圣而刺激的事。1911 年，艾森豪威尔考上了美国海军学院，但是因为年龄不符要求而没有被录取，后经该州参议员推荐，考入美国西点军校。艾森豪威尔 1915 年从西点军校毕业，获得了少尉军衔。1916 年晋升少校，并且创办了美国陆军的第一所战车训练营。

巴拿马地区司令康纳少将，非常欣赏他的军事才华，便邀请他到巴拿马服役。此间，康纳对他悉心栽培，使他的军事知识和技能得到很大提高。后来，他又被保送进入陆军指挥参谋学院受训。艾森豪威尔学习认真，训练刻苦，他的毕业成绩是全校第一名，随后又到陆军军事学院学习两年。1923 年，康纳介绍他到陆军指挥与参谋学校学习。1926 年，艾森豪威尔再次以第一名的成绩毕业，而后又经康纳介绍赴法国进行战场考察。

1916 年的帅哥艾森豪威尔和妻子

1927—1928 年，艾森豪威尔在陆军军事学院深造。1929 年，艾森豪威尔赴陆军部助理部长办公室任职。

潘兴和麦克阿瑟两位美国陆军在艾森豪威尔的早期军事生涯有着极其重要的位置，是他崇拜的偶像，他有幸结识了他们，还拼命追随，特别是追随麦克阿瑟长达6年。1933年，麦克阿瑟任陆军参谋长艾森豪威尔做了他的助理，1935—1940年，麦克阿瑟担任菲律宾军事顾问，艾森豪威尔则是他的高级助理。1936年，艾森蒙威尔晋升为中校。

搭档马歇尔，大展作为

1939年9月，德军入侵波兰，他谢绝了麦克阿瑟等人的劝阻和挽留，执意回国。年底回国后，他出任美国西部军区司令部的后勤计划官。到1941年时，他出任第3集团军参谋长，晋升为准将，而这是他25年前开始任少尉的地方。在此期间，艾森豪威尔多次组织实施大规模军事演习，都大获成功，也因此受到陆军参谋长马歇尔的重视。

1941年12月7日，日本偷袭珍珠港美军基地。次日，美国对日本宣战。鉴于艾森豪威尔谙熟菲律宾和太平洋地区军事问题，而且他有丰富的参谋工作经验，马歇尔在珍珠港事件发生后第5天，电召艾森豪威尔速回华盛顿。起初他被任命为战争计划处副处长，不久计划处升格为作战厅，又被任命为作战厅长，短短几星期的时间，艾森豪威尔最后升为少将，足见马歇尔对他的欣赏和信任。这也是他踏进统帅部与马歇尔长期合作的开端。

这时的艾森豪威尔，对于有关同盟国战略问题的高层会议，虽然还没有资格参加，但他的指导往往都能高屋建瓴，代表美国利益来指导全球性的战略行动。当时美国朝野上下都在关注太平洋战场，而罗斯福和马歇尔却把欧洲战场放在优先的地位。艾森豪威尔注意到了这点，并且与他的观点不谋而合，于是在1942年3月就和作战厅的参谋们一起商讨大体的战争策略：将美军的优势兵力集中在英国，同时避免将他们化整为零地用在任何周边性的攻击之中，夺取欧洲的制空权，然后经由英吉利海峡直取法国

北非登陆时的艾森豪威尔

和德国。但英国人对这一基本设想，虽然原则上同意，但在许多具体问题上仍存在分歧。5 月，艾森豪威尔被马歇尔派往英国作实地考察，并在那里设立了一个美军指挥所，以便为日后实施计划提出建议。考察结束后，他提交了考察报告《给欧洲战区司令的指令》。经马歇尔的推荐，罗斯福任命艾森豪威尔为驻伦敦的美军欧洲战区总司令。随后，艾森豪威尔晋升为中将。不久，艾森豪威尔又出任北非战场盟军总司令。在这之前，他还没有单独指挥过作战，然而他却漂亮地完成了他就任后的第一次重大使命，英美联军在北非登陆进展顺利，这让马歇尔甚感欣慰。艾森豪威尔也因此声名鹊起。1943 年 2 月，艾森豪威尔获得了当时的最高军衔上将军衔，并出任了北非和地中海盟军总司令。

实战沙场，所向披靡

1943年3月下旬，艾森豪威尔指挥美英联军对突尼斯南部发动总攻，激战20余日，德意军队被迫退守突尼斯北部。4月20日决战开始，5月13日德意联军25万人全部投降。至此，法西斯军队在非洲彻底被肃清。

艾森豪威尔在指挥盟军进行北非、西西里岛和意大利作战中，以及在与其他盟国的合作沟通过程中，都表现了卓越的军事、政治、外交才能，被誉为“军人政治家外交家”。他坚定、果断、宽宏大量、对部属充分信任。

艾森豪威尔曾承认正在北非的法国维希政府海军上将达尔朗为该地区的法国最高统帅，而这很可能为他带来一系列政治的批评。但他此举避免了阻力，有效推进了盟军在北非的进展。1942年底，凯塞林隘道之战失利，他冷静应对，不气馁不急躁，及时采取措施，派巴顿将军将不称职的第2军军长费里登达换掉。而布鲁克、蒙哥马利等人曾看不起艾森豪威尔，甚至曾经尖刻地批评过他，他仍然宽宏大量，委以重任，努力使英美合作成为现实。在当时困难重重的艰苦情况下，艾森豪威尔指挥若定，先是取得了北非的胜利，接着攻占西西里，推进到意大利本土。

1943年11月，德黑兰会议召开，美国和英国再次强调开辟欧洲第二战场，苏联则希望尽快确定此次作战的盟军最高司令人选。艾森豪威尔在会后被任命为指挥“霸王”行动的盟军最高司令。次年，艾森豪威尔在伦敦成立盟国远征最高司令部。同时，为了掌握诺曼底地区的制空权，艾森豪威尔将在英国的战术和战略空军统一到自己的作战计划中来。他让蒙哥马利和布莱德雷去负责处理大部分的细节，自己则去关心他认为更为重要的问题。由于制空权的问题在他看来是至关重要的，所以他要求诺曼底之战英国的空军应听从他的调遣。这个决定遭到英国战略空军司令哈里斯的反对，一向处事谨慎、态度和蔼的艾森豪威尔罕见地大发脾气，并郑重表态："如果这个问题不能获得满意的解决，我将呈请辞职。"最后，英国的参谋总长不得不同意把战略空军交由艾森豪威尔指挥，连带美国空军和其他有关国家的空军也都收归他的管辖。接着，他与法国人又达成了忍受损失的协议。这样，艾森豪威尔就把最棘手也是最重要的制空权问题解决了。

诺曼底登陆的时间最初定在 5 月，后因天气不好推迟到 6 月。到了 6 月 6 日，尽管气象预报天气仍然不好，艾森豪威尔还是决定不再耽搁，马上进攻。在这之前，他对加来海峡进行了一次佯攻。6 日凌晨战斗正式打响，到深夜就取得了初战胜利。9 月，法国全境解放。艾森豪威尔接着指挥他的部队，击退德军在阿登地区的反扑，突破齐格非防线，进入德国境内，消灭了大量德军，1945 年 5 月 7 日和 8 日，德国代表在兰斯和柏林签署德国无条件投降书。

将星陨落前的轨迹

从 1953 年到 1960 年，艾森豪威尔连任两届美国总统。为了使白宫办公厅成为有效的总统行政机构，艾森豪威尔仿参谋长制度而设办公厅主任。艾森豪威尔在任内签订朝鲜停战协定，但继续奉行冷战政策，并先后提出艾森豪威尔主义、大规模报复战略和战争边缘政策。他在任期间，与苏联部长会议主席赫鲁晓夫在美国戴维营举行了美苏高级会谈。"戴维营会谈"开创了冷战年代及以后的日子里美苏首脑会晤的先例。

第二次世界大战结束后，艾森豪威尔曾任美国驻德占领军司令。1945 年回国，任美国陆军参谋长。1948 年退役后，出任哥伦比亚大学校长。1950 年，任北约武装部队最高司令。1952 年结束军界生涯，参加总统竞选并以绝对优势当选。竞选时他提出结束朝鲜战争，待艾森豪威尔就职后，《朝鲜停战协定》签订。1957 年他提出"艾森豪威尔主义"，企图控制中东地区。艾森豪威尔在 1957 年 1 月向国会提交《对中东政策特别咨文》：

由国会授权总统在中东实行“军事援助和合作计划”，美国武装部队要介入中东地区；两年内额外拨款4亿美元向中近东国家提供经济“援助”。3月7日美国国会通过议案。9日，艾森豪威尔签署了这个后来被称为“艾森豪威尔主义”的决议案。

当时，正值英、法侵略埃及的战争失败，美国企图在中东各国实行这个计划，一面以武力威胁，一面承诺给予经济援助，借口反共进一步排挤英、法等国势力，以便最终独自控制中东。但艾森豪威尔主义遭到中东各国人民的强烈反对。埃及、叙利亚、沙特阿拉伯和约旦四国政府两度发表

艾森豪威尔的葬礼仪式

声明，拒绝接受艾森豪威尔主义。1959 年，美国国务卿杜勒斯逝世，艾森豪威尔主义也失去了往日的价值了。

1969 年 3 月 28 日，艾森豪威尔在华盛顿病逝，终年 79 岁。主要著作有《远征欧陆》、《白宫岁月》和《艾森豪威尔的战争经历》。4 月 2 日，在他的家乡阿比城，他的遗体下葬，在下葬遗体的时候，宣布了他的遗言。他的遗言有这么一句话："我始终爱我的夫人！我始终爱我的儿子！我始终爱我的孙子！我始终爱我的祖国！"

【人物评价】

艾森豪威尔作为盟军的最高统帅，能够毅然将国家、民族和个人的好恶置于全世界利益之后，超越了狭隘的民族荣誉和个人主义。艾森豪威尔属下的英国将领们，不少都具有比他丰富的战场指挥经验。同时，他还要同一个喜欢直接干预战场指挥的英国首相打交道，这给他带来了相当的困难。然而，他恰当地处理了同英国人的合作关系，又成功地保持了作为联军统帅的权威。人们说，他获得成功的秘诀，首先在于他是位兼具政治家眼光的军人。作为欧洲盟军最高统帅，他把注意力集中到战略性的问题上。他乐于听取各种意见，谦恭有礼，但在原则问题上绝不让步。

他很懂得协调，现代战争需要各方面的知识和人才。要使各方面的作用充分发挥，而不互相摩擦、自我消耗，就要有人从中协调。艾森豪威尔在具体战役指挥上可能不如巴顿、蒙哥马利，但在协调各方面关系上极具才能。他以坚定、镇静而又平等待人的态度赢得了广泛的信赖和支持。他还善于发现人才，所以蒙哥马利、巴顿、范佛里特等一大批名将，都能为他所用。

虽然艾森豪威尔担任总统时支持度不高，自 1980 年代迄今，艾森豪威尔的历史评价逐渐升高，美国最好的总统评选中，他总能位列其中。

十七、苏联卫士——朱可夫元帅

伟人语录

人员、武器、军事思想——这是一支军队的三个基本要素。

——朱可夫

人物简介

朱可夫元帅，全名格奥尔吉·康斯坦丁诺维奇·朱可夫（1896—1974），前苏联军事家，1943 年 1 月 18 日被授予元帅军衔。是苏德战争中继斯大林后第二位获此殊荣的苏军统帅。因其在苏德战争中建立的卓越功勋，被认为是第二次世界大战中最优秀的将领之一。他四次荣膺“苏联英雄”的荣誉称号，这在苏联历史上也仅有两人而已。面对法西斯德国来势汹汹的侵略，朱可夫力挽狂澜于危难之间，赢得了全世界的尊重，也是俄罗斯民族值得纪念的伟大的民族英雄。

功勋卓著的优秀将领

从参加一战到捍卫苏维埃

1896年12月1日，朱可夫出生于俄罗斯卡卢加省斯特列尔科夫卡村的一个贫苦家庭中。父亲康·安德烈维奇是一名鞋匠，母亲乌·阿尔捷耶芙是一个农场女工，他还有个姐姐，一家四口挤在一间狭小的房子里，过着十分艰苦的生活。从一所教会小学毕业以后，朱可夫跟随父亲去莫斯科学手艺。那段时间里，他白天在舅舅的毛皮作坊里当学徒工，劳累了一天以后，他还坚持夜间自学，在厕所昏暗的电灯下做功课，非常刻苦。1913年，朱可夫参加了中学全部课程考试并且全部合格。两年之后，也就是1915年的8月，朱可夫应征入伍，以骑兵的身份参加了第一次世界大战。之后的两年里，因为在前线与德国人的战斗中表现出色，被提升为下士，因为俘虏了一名德国军官和身负重伤，获得了两枚格奥尔吉十字勋章。

不久以后，十月革命爆发，朱可夫参加了红军，加入莫斯科骑兵第1师第4团。1919年3月1日，他正式成了一名布尔什维克。在经受一次又一次战争的考验以后，他迅速成长为一名优秀的红军指挥员，同国内外敌人进行战斗，保卫了年轻的苏维埃政权。

1923年4月，年仅26岁的朱可夫晋升为骑兵第39团的团长。一年以后，也就是1924年的7月，他获得进修深造的机会——以优异成绩考取列宁格勒高等骑兵学，他以和作战一样的“狂热的顽强性”投入到学习中。不论在室内的图上作业，还是野外的战术演习，他都是刻苦钻研，兢兢业业。因为刻苦努力钻研的精神，从1924年到1930年，朱可夫又在著名的有着“苏联西点”之称的莫斯科伏龙芝军事学院高级进修班深造。在学习中，他经常能提出一些令人拍案叫绝的想法，虽然总会引起很大的争议，但又总能凭借清晰的思路，以新奇的逻辑加以论证。

在军事学院毕业以后，1931年2月朱可夫晋升为骑兵第2旅旅长，一年之后又被任命为骑兵总监部副总监。之后从1933年3月到1938年春期间又先后担任过骑兵第4师师长、骑兵第3军以及第6军军长等职务。朱可夫在1938年曾短暂地再担任过军事顾问，回国之后又晋升为白俄罗斯特别军区的副司令员。

1939年9月，因为日军对哈拉哈河地区展开了武装挑衅，于是远东地区形势顿时紧张。朱可夫被任命为苏军驻蒙古第1集团军司令员，全权指挥对日作战。在短时间内，他成功地组织并且指挥了哈勒哈河战役，以相对而言9000人的较小伤亡代价，换取歼敌5万余人的大胜。凭借这一仗，朱可夫一战成名，因此当他凯旋莫斯科的时候，举国称赞，第一次荣膺了“苏联英雄”称号。

1940年5月，朱可夫被提前晋升为大将，不久以后，更被任命为苏联最大的军区——基辅特别军区司令员。紧接着，在1941年1月11日，朱可夫担任了苏军总参谋长的职务。面对日趋紧张的国际局势，朱可夫遵照苏共中央的指示，开始对苏军进行改编，同时着手改进军事训练的工作，加强备战，为应对随时可能发生的战争做准备。

主持卫国战争，保卫莫斯科

1941年，战争终于爆发。6月22日，法西斯德国撕毁《苏德互不侵犯条约》，出兵550万，兵分三路，分别从列宁格勒、莫斯科和基辅入侵苏联。因为应战仓促，苏军没能挡住德军的进攻，令德军在 3 周之内最远推进了 600 公里。到了 7 月下旬，南进的德军距基辅仅有不到 20 公里。面对节节败退，斯大林下令死守基辅，但是身为总参谋长的朱可夫却力主放弃基辅，西南方面军撤退到第聂伯河对岸，免遭德军合围，从而保存实力。对此，斯大林拒不接受，并且降任他为预备队方面军的司令员。直到两个月后，西南方面军在基辅被德军合围，斯大林才意识到朱可夫主张的正确性，但无奈的是基辅已经陷落，西南方面军 70 万士兵全部被德军围歼。

虽然朱可夫被降职去指挥预备队方面军，但是在国家生死存亡之际，他并没有因为自己的不得意而消沉，而是积极准备抵抗来犯的德军。此时，中路德军已攻占斯摩棱斯克，将明斯克到莫斯科的公路切断，也将苏军第 16、第 20 和第 19 三个集团军团团包围。尽管苏军调遣了 20 个师，从罗斯拉夫利和别雷两地发起进攻，一心要夺回斯摩棱斯克，但却未获成功。苏军第 16、第 20 集团军的突围也失败。经过研究，苏联最高统帅部把朱可夫指挥的预备队方面军投入到斯摩棱斯克会战中，并且命令朱可夫必须夺回叶利尼亚突出部。接到命令以后朱可夫于 8 月 30 日发起进攻，投入 10 个师的兵力，在 9 月 8 日收复了叶利尼亚突出部，将战线向西推进了 25 公里。这是自斯摩棱斯克开战以来苏军唯一的一次获胜。担任司令员，全力指挥列宁格勒保卫战，而此时列宁格勒已经完全陷入了德军的重围之中。9 月 10 日，朱可夫抵达列宁格勒，他以必胜的信念作出的第一个决定就是：即使剩下最后一个人，也要守住列宁格勒。他为全军将士们鼓气，随即调整部署，采取了行之有效的防御措施。下令将高炮部队调至乌里茨克－普尔科沃等高地，用高炮防御坦克的进攻。还将包括舰炮在内的各种大炮集中在关键地区，统一使用。

此时发往柏林的战报称：“列宁格勒的包围圈越缩越紧，该城的攻陷指日可待。”希特勒非常高兴，认为列宁格勒已唾手可得。但是列宁格勒的保卫者们在朱可夫的带领下却挡住了德军的疯狂进攻。在一个月以后的10月6日晚上，斯大林向朱可夫询问列宁格勒的情况时，朱可夫的回答是，已经完全遏制住了德军的进攻，因伤亡惨重，德军已经转攻为守。同时，目光敏锐的朱可夫也察觉到，德国正从列宁格勒向南方大规模调动机械化部队和坦克部队，他认为这一定是调往莫斯科。听完朱可夫的报告，斯大林沉默了一会儿，然后做出了将朱可夫调回莫斯科，主持莫斯科保卫战的命令。

1941年10月7日黄昏，朱可夫飞抵莫斯科。他所要面对的，将是一个局势危急的莫斯科。德军的北翼围困了列宁格勒，南翼攻陷基辅，中央则下占领了斯摩棱斯克，距莫斯科仅300多公里，并且德军已经实施了计划攻占莫斯科的“台风”作战计划。这一计划企图在维亚兹马和布良斯克地区从北、西、南三个方面将苏军主力分割歼灭，然后在南北迂回进攻，打算在入冬前攻下莫斯科。为了完成作战目标，德军集结了“中央集团军群”下属的共78个师，180万人，包括3个集团军，3个坦克集群，以及第2航空队。希特勒希望就此彻底击溃苏军。苏军最高统帅部也积极备战，在莫斯科以西建立起三道防线，纵深300公里。参与防御的西方面军、布良斯克方面军和预备队方面军共15个集团军、1个战役集群，总人数达到了125万人。9月30日，德军的古德里安第2坦克集团军首先发动了突击，苏军方面的布良斯克方面军首当其冲。几天以后的10月2日，德军主力也在维亚兹马方向开始了进攻。就在战斗开始后第一个星期，德军就顺利突破了苏军的第一道防线，把布良斯克方面军的3个集团军合围在布良斯克，又在维亚兹马将西方面军和预备队方面军的4个集团军包围。而苏军除一小部分突围成功以外，大部被围歼，人员损失达65万人之多。

奉斯大林之命，朱可夫了解西方面军司令部的战况。他很快就摸清情况意识到主要危险在防御薄弱的莫扎伊斯克一线，一旦突破防线，德军的坦克便可以直冲莫斯科。他向斯大林建议，必须尽快增强这一线的布防。

斯大林接受建议，将朱可夫被任命为重新整编以后的西方面军司令员，朱可夫也就此担负了保卫莫斯科的历史重任。

朱可夫首先集结起将已被冲垮西方面军各部集，然后将部队呈弧形布防在图尔吉诺夫、沃洛科拉姆斯克、多罗霍夫、纳罗福明斯克、谢尔普霍夫一线，顽强抵御德军的重重进攻。很快，德军进攻的速度急剧下降。这一形势确保了莫斯科十月革命节阅兵仪式的顺利举行。11 月 7 日清晨，莫斯科红场举行了隆重的阅兵仪式，全副武装的红军战士威武地经过红场，然后便直接开赴前线。通过这次阅兵仪式，莫斯科向世界宣告了苏军必将打败法西斯侵略者的坚定决心。

11 月中旬，德军“中央集团军群”向莫斯科发起了第二次大规模的进攻。为了在莫斯科以东完成合围，德军派出两个快速集团军分别从北面和南面对莫斯科进行了迂回突击。德军的正面强攻还在继续，打算歼灭苏军的西方面军主力。同时，北路德军在 12 月初将战线推至亚赫罗马，距莫斯科西北郊还不到 30 公里。苏军 3 个集团军的兵力进行多次反击，最终使北路德军转入防御。又在 12 月初调兵击退了南路德军。几乎同时，由朱可夫直接指挥的西方面军在正面阻止了德军的进攻。此时三路德军均进攻受挫，因为补给不力，人员和武器装备供应不上，而且无法适应在严寒下作战，德军部队大减，十分被动，进攻之势已成强弩之末。而苏军却越战越强，开始转入反攻。从 12 月 6 日起，朱可夫的西方面军开的反攻进展顺利，德军遭受了严重的打击。于是希特勒不得不在 12 月 8 日下令在包括莫斯科方在内的整个苏德战场，全线防御。而实际上，德军此时已无力坚守防线，节节向西后退。终于，在 12 月 13 日，苏联宣布红军已经粉碎了德军包围莫斯科“台风”计划，在苏联各大报纸上，朱可夫的照片被排在了头版上最显著的位置。

1942 年 1 月 8 日，苏军的总攻开始了。到了 4 月 20 日的时候，苏军已经向西推进了 300 多公里，解放了莫斯科州、加里宁州、图拉州全部，以及奥廖尔州一部分，歼灭德军 50 余万。莫斯科保卫战以苏军的胜利告终。朱可夫正是这次战争中最大的功臣。

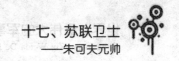

苏军在莫斯科会战的胜利，宣告了希特勒“闪击战”的破产，扭转了苏德战场的形势，给苏联人民和全世界人民以巨大的鼓舞。朱可夫在莫斯科会战中建立的不朽的功勋足以让市全世界赞叹。

指挥反攻，功勋卓著

莫斯科会战以后，希特勒被迫放弃了全面进攻。1942 年的夏天，为了攫取燃料和粮食等资源，德军在苏德战场南部集结了重兵，向高加索和斯大林格勒一带展开重点进攻，企图以此切断伏尔加河水运，进而北取莫斯科。于是，德军以斯大林格勒为目标投入了 71 个师的兵力。

7 月 17 日，德军第 6 集团军率先发起进攻。接下来的 7 月 23 日和 26 日，德军的北路和南路集团军也相继发动了进攻，到了 8 月 18 日，保卢斯的部队直逼斯大林格勒。8 月 29 日中午，在斯大林的紧急调动下，朱可夫临危受命。一到达了小伊凡诺夫，他便与斯大林格勒方面军领导共同研究并制定了当前防御和以后反攻的整体计划。然而，就在 9 月 13 日那一天，德军进入斯大林格勒的市区。苏军遂与德军展开了惨烈的巷战，苏联军民抱定死不弃城的决心浴血奋战，让德军的每一步前进都付出了惨重的代价。

此时，坐镇指挥部得朱可夫和总参谋长华西列夫斯大将提出计划代号为“天王星”的反攻计划，主张把德军的进攻集团紧紧地钳制于斯大林格勒城下，然后集中兵力对其两翼进行集中突击，将敌军的援军消灭在对内正面，歼灭被围敌军在对外正面。此后的两个月，朱可夫亲自负责“天王星”计划的准备工作，同时也参与对斯大林格勒会战的指挥。11 月 13 日，苏军最高统帅部批准了天王星”反攻计划。11 月 19 日和 20 日，苏军发起进攻，在卡拉奇以东的苏维埃村会师以后，苏军成功地将德军第6集团军和坦克第4集团军部分兵力一共22个师，约33万人合围。为解救被围德军，希特勒下令临时组建了科捷利尼科夫斯基和托尔莫辛两个突击集团，妄图在西南方向打开通道。1943年1月25日，苏军的进攻部队冲进斯萨林格勒市区，与坚守城区的苏军会师，希特勒的解围计划未获成功。很快，在2月2日，苏军全歼了被围德军，斯大林格勒会战以苏军的大获全胜而告终。

斯大林格勒会战的胜利，极大地鼓舞了盼望胜利的苏联人民和全世界反法西斯得力量，导致了轴心国内部出现了严重危机。从此，苏联方面全面进入了战略进攻阶段，这标志着苏德战场和第二次世界大战开始发生了转折。而朱可夫本人也因为在斯大林格勒会战中的卓著战功而第一个被授予一级苏沃洛夫勋章，这个以俄国伟大统帅苏沃洛夫命名的军功勋章，是当时苏联军队中最高的勋章。

就在斯大林格勒城下的炮声还没有完全停止的时候，朱可夫又接到新的战斗任务——前往列宁格勒协调各方面力量。而此行的目的，就是要借助他高超的军事才能，粉碎德军对这座历史名城的封锁。经过严格论证，在1943年1月12日这一天，沃尔霍夫方面军由东而西，列宁格勒方面军自西向东，对什利谢利堡－锡尼亚维诺突出部的德军展开两面突击。在战斗中，德军的抵抗相当顽强。1943年1月18日，在经过连续7昼夜的进攻以后，苏军终于突破了德军的防线。两个方面军在胜利会师，恢复了列宁格勒与苏联内地的陆上联系，也彻底粉碎了德军对列宁格勒的封锁。同样正是在这一天，朱可夫被授予了苏联元帅军衔，他是在苏德战争中首位获此殊荣的苏军统帅。当在战场上得知这一消息时，他还如普通的士兵一样行进在战斗队列中。

斯大林格勒会战以后，朱可夫将主要精力集中到了库尔斯克。此时，苏军已经将战线向西推进了600公里，在库尔斯克一带造成了一个向北以奥廖尔为基础，向南以为别尔哥罗德为根部的突出部。希特勒命令德军夺取库尔斯克，希求重新打开通往莫斯科之路，将战争的主动权再次握在自己手里。德军的计划是：以第 9 集团军和第 4 集团军为主，分别从奥廖尔和别尔哥罗德一南一北展开夹击，围歼驻扎在库尔斯克突出部的苏军。

1943 年 3 月中旬，朱可夫来到库尔斯克城，很快便看穿了德军的进攻企图。4 月 20 日，他建议莫斯科最高统帅部，要求苏军暂不转入进攻，代之以优势兵力防御，以达到在阵地上消耗敌人的目的，然后投入精锐预备队，开始发动歼灭德军主力的反攻。最高统帅部采纳了朱可夫的建议。德军本计划在 5 月初就开始进攻，但是因兵力不足，以及新研发的“虎式”和“豹式”重型坦克尚未装备到部队等原因，这就为苏军换来了更充裕的时间来组织这次战役。

1943 年 7 月 5 日凌晨，朱可夫看到战机已经成熟，就在未报告最高统帅部前，当机立断，下令立即开炮，苏军立即对已进入出发阵地的德军实施猛烈的炮火反攻，就在短短的 20 分钟以后，德军便遭受了巨大的损失，以至于将进攻推迟了整整 3 个小时。面对苏军的强大炮火打击，德军不得不改为强攻。朱可夫军队与德国军队展开了坦克肉搏。接下来，苏军反攻迅速。8 月 5 日收复奥廖尔和别尔哥罗德，8 月 23 日就解放了哈尔科夫，把战线向南和西南推进了 140 公里，库尔斯克会战仍然以苏军的胜利结束。库尔斯克会战是第二次世界大战中一次规模宏大的战役，此役德军损失 50 万人，1500 辆坦克。彻底丧失战略进攻的主动性，不得不转入全线防御。

进军柏林

就在库尔斯克会战结束的第二天，朱可夫被斯大林召回莫斯科，商议下一步展开全面进攻的作战计划。商议的结果是决不给德军任何喘息机会，打算迅速夺取第聂伯河右岸的所有登陆场。

12 月中旬，朱可夫确定了 1944 年的作战任务。斯大林也要求在新的一年将德军全部逐出苏联领土，把战争推出苏联的国土。然后，朱可夫又奉命负责协调乌克兰第 1 方面军和科乌克兰第 2 方面军的行动。在取得了几个战役的胜利之后，朱可夫计划由这两个方面军共同展开科尔逊—舍甫琴科夫斯基战役。接下来，在 1 月 28 日顺利完成了对科尔松—舍甫琴科夫斯基德军集团的合围。1944 年 2 月 29 日，第 1 方面军司令员瓦图京大将因遭德军狙击手的袭击而牺牲。朱可夫临时担任乌克兰第 1 方面军司令员。从 3 月 4 日起，乌克兰第 1 方面军按指定计划展开进攻，包围了德军曼施泰因的坦克集群。接下来的战斗相当残酷。经一周的激战以后，朱可夫的坦克部队突破曼施泰因的防线，开始向纵深推进。3 月中旬，在朱可夫的指挥下，乌克兰第 1 方面军攻占杜勃诺、克列门涅茨和莫吉廖夫等地。

3 月 29 日，朱可夫解放了切尔诺夫策城。为了纪念这一胜利，4 月 8 日，莫斯科 320 门礼炮齐鸣 24 响，向乌克兰第 1 方面军以及朱可夫元帅致敬。一周以后，莫斯科再次鸣响礼炮，为庆祝朱可夫攻下了被希特勒称作“堡垒”的捷尔诺波尔。同时，朱可夫也因卓著的战功而第一个被授予了代表苏联最高军功勋的“胜利”勋章。

5 月初，为了全面歼灭白俄罗斯的德军，朱可夫回最高统帅部。5 月 30 日，最高统帅部大本营批准了代号“巴格拉季昂”的白俄罗斯作战计划。苏军出动了波罗的海沿岸第 1 方面军、白俄罗斯第 3 方面军、白俄罗斯第 2 方面军和白俄罗斯第 1 方面军，总兵力达 240 万人。朱可夫负责协调白俄罗斯第 1、第 2 方面军的行动。1944 年 6 月 23 日，苏军发起白俄罗斯战役。这场战役不但解放了俄罗斯全部领土和立陶宛的部分领土，也解放了波兰东部，逼近东普鲁士的华沙。在这次战役中，朱可夫又获得胜利勋章。

在 1944 年底和 1945 年初，战争推进到了德国本土，朱可夫指挥着白俄罗斯第 1 方面军主攻柏林。1945 年 1 月 23 日朱可夫带兵突破了德军在

莫斯科红场上的朱可夫雕像

东线最后一道防线奥得河，而且夺取了西岸的全部登陆场解放波兰大部分领土，更打开了进军柏林之路。1945 年 4 月 1 日，斯大林召集苏军高级将领研究对德国的最后进攻。面对苏军一路凯歌直逼柏林的情况，希特勒仍做困兽之斗，从 2 月份起，调动重兵在柏林城周围筑起了多层防线。对此，朱可夫进行了异常周密的准备，他的目的很明确——就是为了打好攻克柏林这一历史性战役。他派出航空侦察兵 6 次空中拍摄柏林地区，制成了精确模型和绘制出详细地图。为了出奇制胜，朱可夫打破常规，一改往日在黎明时分发动进攻的习惯，而是在天亮前 2 小时实施夜袭。

1945 年 4 月 16 日的凌晨 3 时许，柏林战役开始发动总攻。朱可夫以 18000 门各式大炮实施炮火准备，在 20 分钟内倾泻了 5 万多吨炮弹，兼以轰炸机对重要目标的猛烈轰炸。然后，向天空中发射了数千发彩色信号弹，地面上的 134 部探照灯也突然照的夜空有如白昼。在数百架飞机配合着炮火支援，朱可夫的突击集团凶猛地扑向德军阵地。到中午的时候，突破了德军的第一防御地带。但是，德军以泽劳弗高地为依托的第二防御地带使苏军的进攻大大受阻，几次强攻都没能突破。4 月 17 日晨，朱可夫用了 30 分钟的时间，集中 250 门大炮猛轰泽劳弗高地，随后苏军即将士奋勇冲锋，终于在中午成功拿下泽劳弗高地，突破了第二防御地带。19 日，随着第三防御地带被突破，德军奥得河地区整个防线崩溃。4 月 20 日，朱可夫的部队突破德军防线，开始炮轰柏林城区。4 月 25 日，朱可夫的 3 个集团军和科涅夫的部队在柏林以西会合，合围德军 20 万人，随即强攻市区。27 日，苏军突入市中心。4 月 29 日，朱可夫率部攻打德国国会大厦。30 日，希特勒在总理府地下室自杀。当晚 9 时 50 分，第 150 师战士叶戈罗夫中士和坎塔里亚下士历史性地将军旗插上国会大厦圆顶。苏军攻克柏林。

5 月 8 日，在柏林以东卡尔斯霍斯特镇的一所军事学校的会议厅里，德军元帅凯特尔代表纳粹德国签署了无条件投降书。苏联元帅朱可夫、英国空军上将泰勒、美国斯巴茨将军和法国塔西尼代表盟国远征军，接受了德军的投降，苏德战争和欧战就此结束。

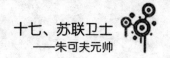

因攻克柏林的历史性功勋，朱可夫被授予了生平第三枚苏联英雄“金星”奖章。

【人物评价】

朱可夫在从士兵到元帅的漫长军旅生涯中立下了赫赫战功，一生从捍卫苏维埃政权，到在素的战争中保卫苏联，并且带领苏军取得了战争的最后胜利。他一生中四次荣膺苏联英雄称号，荣获列宁勋章 6 枚，十月革命勋章 1 枚，红旗勋章 3 枚，一级苏沃洛夫勋章 2 枚，“胜利”最高功勋章 2 枚，图瓦共和国“共和国”勋章 1 枚，蒙古人民共和国英雄（1969），荣誉武器 1 件，奖章及外国勋章多枚。为了表示对他的致敬，前苏联以其名字命名了防空军事指挥学院。他一生不仅在战场上所向披靡，而且为人一丝不苟，光明磊落。不愧于“英雄”这一称号。